人脉机关

RENMAIJIGUAN

高 邑◎编著

中国华侨出版社

图书在版编目（CIP）数据

人脉机关／高邑编著．—北京：中国华侨出版社，
2012.6
ISBN 978 - 7 - 5113 - 2463 - 4

Ⅰ.①人… Ⅱ.①高… Ⅲ.①人际关系学 - 通俗读物
Ⅳ.①C912.1 - 49

中国版本图书馆 CIP 数据核字（2012）第 107010 号

● 人脉机关

编　　著／高　邑
责任编辑／严晓慧
封面设计／智杰轩图书
经　　销／新华书店
开　　本／710×1000 毫米　1/16　印张 18　字数 220 千字
印　　刷／北京溢漾印刷有限公司
版　　次／2012 年 7 月第 1 版　2012 年 7 月第 1 次印刷
书　　号／ISBN 978 - 7 - 5113 - 2463 - 4
定　　价／32.00 元

中国华侨出版社　　北京朝阳区静安里 26 号通成达大厦 3 层　　邮编 100028
法律顾问：陈鹰律师事务所
编辑部：(010) 64443056　　64443979
发行部：(010) 64443051　　传真：64439708
网　址：www.oveaschin.com
e-mail：oveaschin@sina.com

前言

成功学大师陈安之说："成功＝知识＋人脉，其中知识占30％，人脉占70％。"美国前总统西奥多·罗斯福也曾说："成功的第一要素是懂得如何搞好人际关系。"

在知识经济时代，技术、知识发展迅速，如果你懂得如何经营人脉，则会强化你的竞争力。善用人脉，一分耕耘就可以得到数倍收获。

其实，对于任何人来说，构建人脉网络，并不只是在危难的时候才需要的，而是每一天都需要。因为成功也需要靠别人，而不是单凭自己。

人是群居动物，每个人所从事的行业归根结底都是大家的事业。人的成功也只能来自于他所处的人群及所在的社会，一个人只有在这个社会里面游刃有余、八面玲珑，才能够为事业的成功开拓更加广阔的道路。

试想，当我们想要开创自己事业的时候，必须具备哪些条件呢？你一定会脱口而出：资金和技术。是的，可是这些都不是最重要的，最关键的是人。如果你有了足够丰富的人脉资源，那么资金和技术问题自然会迎刃而解。

社会就好像是一张由每一条人际纽带编织成的人脉网络，身为网中的人，我们只有充分利用网中的各种资源，才能得到机会，才能够实现自己的理想与抱负。

正如一位成功的商人曾经说过的一样："人际关系就像播种一样，播种越早，收获越早，撒下的种子越多，你收获的也就越多。"

本书希望通过向广大读者介绍开拓人脉、维护人脉、经营人脉、提升人脉的技巧与重要性，能够帮读者打开视野，练就一身人脉交际的好本领。

目录

第一章
画个圈子，为自己建立人脉

人脉是我们人生制胜的关键环节之一。建立起人脉，绝非一朝一夕的事，它需要你不断地去积累、储蓄。积累的个体就是你身边出现的每个人，为了让自己和他们的关系更加紧密，这个时候你就需要通过真诚的关怀和贴心的服务来建立人脉。

第二章

依靠圈子，人生不能没有朋友

我们每一个人都不能没有朋友。中国有句古语："人以群分，物以类聚。"因此有人说，一个人有什么样的品位，就要看他交什么样的朋友。的确如此，我们每个人的成功是离不开朋友的，有了朋友的帮助，我们做起事情来才能够事半功倍，更快地获得成功。

第三章

初入圈子，消除交际中的不良心理

良好的心理素质，是人们进行广泛社交活动的必要条件，也是交际的语言技巧，只有具备良好的心理素质，交际才能顺利进行。相反，如果心理状态不佳，会形成某些隔膜和屏障，在一定程度上更会阻碍了人与人之间的交往。所以，我们在工作生活中应该注重自身修养，努力克服出现的忌妒、多疑、自卑、害羞、傲慢等不良的心理状态，让自己更顺利地进入人脉圈。

第四章

借助圈子，用人脉来改变命运

无论是社会学家、人际关系学家还是心理学家，大家都一致认为，一个人的人脉圈，往往代表了他的社会地位和活动能量，也代表了他的发展和成功的内在潜能，甚至代表了他的命运。大部分的成功人士也说，要想获得成功，只是做好三件事：做人，做事，做人脉，特别是以做人脉为重。

---------------------------------- 第五章 ----------------------------------

挖掘圈子，人脉才是真正的财富

不知道你是否相信人脉能够扭转你的财富命运，在如今信息化的时代里，一切都在迅速地运转着，畅通的人脉能帮助你节省更多的时间和精力。只要你懂得运用人脉，那么你就能找到慧眼识英才的伯乐，有了伯乐的帮助，你自然会畅通无阻地实现财富梦想。

第六章
看穿圈子， 人际交往中的注意事项

　　人际交往也是有禁区的，所以我们交往的时候应该技巧高明一些。圆润是一种处世哲学，虽然不高深，但是并非人人皆可悟其精义，得其要领。因为圆润交往，不但需要阅历与智慧，而且要有一颗宽容之心。人际交往中，你能够左右逢源、游刃有余，才能够不断扩大自己的人脉圈，结交更多志同道合的朋友。

第七章

美化圈子，依靠助力者为自己争光添彩

所谓助力者就是能帮助你成功之人。一个人的成功并不是完全掌握在自己手中的，在整个人生旅途过程中，有许多外在因素左右你的发展方向和进程，而助力者就是众多外在因素当中最为重要的一种。这些人能够为我们提供成功的助力和资源，能够在关键的时刻为我们指点迷津，给我们提供解决问题的方法，拨正人生的航向，为我们的人生带来希望和转机。

第八章
精简圈子， 发掘出自己的黄金人脉

现实生活中的每一位成功人士都有一个共同特点，那就是他们都具有建立并维系一个良好的人际关系网的能力。所以，我们要想立身处世，也一定要多结交好朋友。但是从另一个角度来看，我们一定要结交能够真正帮助自己的朋友，让自己的人脉圈成为黄金人脉圈，让里面的每一个人都是良师益友；不然的话，一个不具备高素质的人际关系网是很难让我们顺利成功的。

------------------------------- 第九章 -------------------------------

经营圈子， 好人脉需要精心维护

人脉是什么？其实就是人际关系及其脉络，只有将人际关系串联起来，变成一张网络，有意识地维护、运用，并不断进行扩张，这样的人际关系才可以称为人脉。假如说我们建立起来了人脉，但是不懂得如何去维护，那么这张人脉网也终有一天会破碎的。

第十章
驾驭圈子，人脉好才会有业绩

人脉是影响我们每一个人工作业绩的一个重要因素，它甚至与我们的工作业绩成正比。人际关系越好，那么工作业绩也就越好。所以，我们每一个人都应该与每一个客户搞好关系，记住客户的详细资料，了解客户的需求。我们只有让客户满意了，我们的业绩才会逐渐上升。我们相信，只有有了稳定的人脉圈，业绩才会越来越好。

第十一章

跳出圈子，让小人脉变成大人脉

　　由于如今的人们越来越多地被工作压力所困，所以很多年轻人总是抱怨自己认识的人太少，抱怨认识的都是身边的一些人。那么怎么才能够让自己的小人脉变成大人脉呢？其实这一点并不难，如果我们仅靠自己去结识大人物是很困难的，但是我们不妨通过自己的同学、同事、老板甚至老乡，这样我们就能够事半功倍了。

第一章
画个圈子,为自己建立人脉

人脉是我们人生制胜的关键环节之一。建立起人脉,绝非一朝一夕的事,它需要你不断地去积累、储蓄。积累的个体就是你身边出现的每个人,为了让自己和他们的关系更加紧密,这个时候你就需要通过真诚的关怀和贴心的服务来建立人脉。

编织一张高质量的"人脉网"

什么是人脉？通俗一点说，人脉就是人际关系网，当然它的真正含义远远不止这些。人脉在一个人的一生当中占有着非常重要的地位。

人具有社会属性，每一个人都属于社会关系网中的一个结点，脱离了这张网，那么每一个人都会有所缺失。没有人脉资源或者说是不善利用人脉资源的人都是不可能获得成功的。

成功学大师戴尔·卡耐基曾经说过："一个人事业上的成功，只有15％是由于他的专业技术，另外的85％主要靠人际关系、处世技巧等。"由此可见，人脉对于我们的人生是多么的重要。

我们看身边的成功人士，他们共有的特点是什么呢？答案就是：一本厚厚的名片簿。

其实，拥有很多的名片仅仅是一个表象，更重要的是他们广织人脉网络的能力，这才是他们成功的主要原因。成功人士不仅清楚地知道谁被蕴藏在他们厚厚的名片簿里，而且还愿意把这些资源与其他的成功人士相互分享。

人脉网络背后的意义通常比我们所能想到的还要深远一些。那些企业老总们非常愿意致力于发展"双赢"的互需关系。

虽然我们每个人都有艰苦奋斗的故事，但是大多数人都会把他们的成功归功于旁人的提拔。美国作家柯达说："人际网络非一日所成，它是数十年来累积的成果。如果你到了40岁还没有建立起应有的人际关系，麻烦可就大了。"

在2002年的中国百富榜上有30位左右的企业家，认为在他们成功的诸多因素中，机遇排在了第一位，显然，在MBA学员的眼中机遇则是十大财富品质的首选。机遇到底是从哪里来的呢？其实"机遇"的潜台词是"关系"，也就是说，很多时候机遇都是来自于人际关系。

人际关系越好，机遇相对就会越多。其实，在中国内地兴起的MBA热潮就是一个很好的佐证，这些人读书不仅仅是为了给自己"充电"，更重要的是为了搭建高品质的人际关系网，并且能够从中获得商机。

即使是哈佛商学院的毕业生，他们在总结读书收获的时候，也把"建立朋友网络"放在第一位。在MBA学习过程中，人脉已经被提到了一个相当重要的位置上。

哈佛商学院有一位教授曾经总结说，哈佛学院为其毕业生提供了两大工具：首先是对全局的综合分析判断能力；其次就是哈佛强大的、遍布全球的4万多人的校友网络，在各国、各行业都能提供宝贵的商业信息。

哈佛商学院自从1992年建院以来，已超过6万名校友，而这些校友大多数已经成为了各行业的精英，在团结精神凝聚下，他们织成了一张强大的人脉网络。比如，在华尔街，在几大风险投资基金中，对哈佛MBA来说，找到校友，其实就意味着找到了信任。

虽然说是金子点会发光，但是这也需要有人能够看见现实中的你，也许你是相貌堂堂、才华满腹、胸怀大志，既有学历，又有非凡工作能力的人。但是，你却始终郁郁不得志，甚至是别人眼中的负面教材和失败者。很多人都会把这归纳为自己的命苦，那么真的是"命苦"吗？

有人常用这样的话解释自己成功的原因："我之所以取得了成功，是因为我站在了巨人的肩膀上。"可见，善于借助别人的力量，往往会让你个人的力量无限倍增，而良好的人脉关系网则是你借助别人力量的一个基本前提。所以对于每个人来讲，要想获得人生的成功，就必须精心构建自己的人脉关系网。

注重礼仪，人脉更牢固

在我们的日常交往过程中，也许经常会收到别人送给我们的礼物，当然在有的时候我们也需要给别人送一些礼物。

虽然在通常情况下我们送给别人的礼物是不一样的,但是我们的目的都是为了表达对某些人发自内心的真诚祝福,并且也真诚地希望对方能够感受到我们对他的关心。

在唐朝有一个大臣,他当时派了一个叫缅伯高的人给皇帝送一只天鹅。可是当缅伯高带着天鹅来到一条河边的时候,想给天鹅洗一个澡,但是没有想到由于自己的疏忽大意让天鹅飞走了。

这一下缅伯高慌乱了,因为他知道自己把送给皇上的礼物弄丢了,这岂不是犯了杀头的罪。缅伯高越想心里越害怕,最后竟然哭了起来,可是他哭着哭着心中却想出来了一首打油诗:"将贡唐朝,山高路遥,沔阳湖失去天鹅,倒地哭号号,上复唐天子,可饶缅伯高,礼轻情意重,千里送鹅毛。"

据说到了最后,缅伯高还真的把天鹅毛和这首打油诗一起献给了皇帝,没有想到皇帝居然被这首打油诗深深地感动了,不但没有杀死缅伯高,而且还重重地赏赐了他。

这个故事就是大家熟知的"千里送鹅毛,礼轻情意重"的由来。

礼尚往来是人际交往的内容之一。在我们或轻或重、或多或少的礼物当中,我们既能够体会到人情之间的真诚关怀,又可以享受到与大家友好往来的欢乐。

可是如果我们送礼的方法不当、时间不合适、礼物不妥,那么我们可能就会好心办了坏事。

有一次，王海开车去看望自己的好朋友，当时他心想等自己离开朋友家的时候再把礼物给朋友。

于是他就把礼物放在车里，空着双手来到了朋友的家里，刚开始大家先寒暄了一番，等到了中午快要吃饭的时候，王海发现自己的朋友并没有留他在家吃中午饭的意思，于是就准备起身告辞，并且对朋友说："对了，我买了一些东西，放在了我的车里面了，我下去给你拿上来。"当朋友听完王海这句话之后，立刻说道："哎呀，那你今天中午怎么可以走呢，留下来一起吃午饭吧。"朋友说完之后就让自己的妻子进厨房准备中午饭了。

从这以后，王海明白了一个道理：当自己去拜访朋友的时候，一定要把礼物及早地拿出来，不管自己的礼物是大是小、是重还是轻，这样你们的沟通会变得更加顺畅。

很明显，当别人帮过你忙之后，你送一些礼物表示感谢，对方就会认为你是一个懂得礼仪的人，而他在心里也会心甘情愿地接受你的礼物。如果别人没有帮助你什么，而你也能够适当地送给他一些小礼物，那么他肯定会记住你。当你日后需要他帮助的时候，他就有可能会竭力帮助你。

所以，你花费了大量心血，甚至是包含了你的感激之情而选择的一份礼物，一定会让别人感到高兴，而这样的效果比那些大把大把的钱要好得多。

人际交往中，细节不容忽视

在人际交往的过程中，常常是一些细节决定了成败。虽然细节经常被我们忽略，但是这绝不意味着细节无关紧要。大量事实表明，能否充分重视交际中的细节，直接关系到交际的成败，正所谓"成也细节，败也细节。"

王密在一家医疗设备公司工作，公司想要从美国引进一条生产无菌输液软管的先进流水线，于是让王密作为主要负责人。王密费尽心思，经过长时间的努力终于说服了对方。

之后，美方的代表如约来到中国，准备要在引进合同上正式签字了，可是在步入签字现场的那一刻，王密突然咳嗽了一声，结果一口痰涌了上来，他当时看了看四周，一时没找到痰盂，便随便把痰吐在墙角，当时那位精细的美国代表见此情景不由得皱了皱眉。

显然，这个随地吐痰的细节引起了他深深的忧虑，因为输液软管是专门为病人输液用的，要做到绝对无菌才能符合标准，可是西装革履的王密居然随地吐痰，那么想必这家公司工厂里的工人的素质不会太高。如此生产出的输液软管怎么可能绝对无菌呢？

于是，这位美国代表拒绝在合同上签字，王密将近半年的努力便在转眼之间前功尽弃了。后来，老板得知这个消息之后，马上辞退了王密。

就这样，一个细节砸了一笔生意，也使王密失去了工作，这难道不值得我们每个人思考吗？

细节在很多时候往往反映了一个人对待事情的一种态度、一种精神、一种责任感。如果你有一个认真的态度、很强的责任感，那么做事的时候就会认真负责，会注意到事情的每个细节，进而把所有的事情做好。可是相反地，如果你没有一个认真的态度，即使看到了细节你也会忽略，这样就容易造成事情的失败。

李鑫在一家外贸公司当部门经理。去年下半年的时候，本地一所高校的几个外贸专业毕业生在公司里面实习。实习结束的时候，李鑫请示总经理之后就只把一个名叫李明辉的同学留了下来。

李鑫为什么单独把他留下来呢？原来相比之下，这个小伙子在几个细节的地方打动了李鑫的心。

李明辉待人彬彬有礼，综合素质较好。正式实习的那天，李鑫向同学们介绍了部门的成员和同学的分工。李鑫分配李明辉在老陈的手下帮忙，而老陈是当时公司的老业务员了，年龄偏大。

当其他的同学感到拘谨和不安的时候，李明辉则能够非常自然地对老陈说："陈老师您好，这段时间我们要给您添麻烦了，以后工作中还要请您多多指点。"李明辉语言简朴，落落大方。

说实话，老陈在公司并没有什么职位，可是李明辉以老师相称，显得非常妥帖，而且老陈也能欣然接受。虽然这只是瞬间的细节，但是让大家觉得李明辉有一定的生活阅历，个人素质和教养也比较好。

一般来说，即使是刚刚分到单位来的新人也会有一个较长时间的适应期，不知道该怎么调整自己。可是李鑫通过许多天的观察，发现李明辉并不像其他同学那样不知道做什么，而是主动跑银行和商检，主动到海关报验，即使是在大热天乘公共汽车也毫无怨言。

有好几次，老陈接国际长途，李明辉则会默默地坐在旁边听，细心地揣摩他如何同外商交谈。有的时候，他还会悄悄地给老陈递一支笔或记录一些数据。这些细小之处，既给老陈带来了工作上的便利，也表现出新人对前辈的尊重，这也让李鑫等人对李明辉产生了好感。

还有一次，李鑫有意安排李明辉和另外一个同学分别到一个县城去取同一种样品。结果那位同学无功而返，可是李明辉不仅取回了样品，而且还做了一些额外的工作——了解了该工厂给公司生产产品的进度和货物质量。这些都说明了李明辉有一定的社会交际能力和责任心。

在当时，正好李鑫的部门打算招一名外销员来开拓市场。

经过老总的特批后，刚毕业的李明辉，就被公司录用，从而使他完成了实习—毕业—求职的三级跳。

曾经有一位管理大师说过："现在世界的竞争，就是细节的竞争。"的确，细节在人际交往中是非常重要的，你的一举一动都会影响你在他人心目中的形象。你的细节体现出你的品位，也体现出了你的内心，让我们从细节做起吧，不要让细节使你的价值大打折扣。

及时帮助危难中的朋友

在古代，就有雪中送炭的故事：在大雪纷飞的夜晚，给人送去救命的炭火取暖。我们每个人都会遇到困难，也都希望得到别人的帮助。在他人需要我们帮助的时候，一定要勇于伸出援助之手，帮助他人解燃眉之急，这样也为自己建立了良好的信用。

在日常生活中，很多偶然的事情都会决定你的命运，比如你在别人最困难的时候能够给别人帮助。其实生活一直诠释着一个真理：帮助别人就是帮助自己。

在 20 世纪末期，美国掀起移民的高潮。一位叫杰瑞的律师在移民的小镇成立了一家律师事务所，专门受理移民的各种事务。

刚开始的时候，他很窘迫，甚至连一台复印机都买不起。可是他整天都在忙碌，用自己的能力帮助那些需要帮助的移民。

杰瑞就是靠着勤奋和真诚的服务，让他的律师事务所开始小有名气，财富也接踵而来。

正当杰瑞的事业蓬勃发展的时候，一念之间的他将自己的资产全部投资到了股票，结果最后几乎全部亏损。

更不巧的是，美国移民法的修改导致能够移民的人数比过去大大下降，杰瑞的律师事务所业务也逐渐衰落，最后破产了。正当杰瑞走投无路的时候，他收到一位公司总裁的信，信中说要把公司1/3的股份赠送给杰瑞。

杰瑞刚看到信的那一刻，简直不敢相信自己的眼睛，这是真的吗？上帝真是在可怜我吗？这人到底是谁？杰瑞决定去拜访一下这位总裁。

原来这位总裁是一位50多岁的犹太人。"还认识我吗？"总裁笑着问杰瑞。杰瑞看了看，摇摇头，绞尽脑汁也想不起什么时候见过他。

这个时候，只见总裁从抽屉里拿出了一张皱皱的火车票和一张写有杰瑞名字、地址的名片，总裁接着说："在20年前，我刚来到美国的时候，准备去一个小城镇，可是当排到我买火车票的时候，我发现我的钱包居然不见了，可是这个时候你从后面上来帮我买了车票。当时我执意留下你的姓名和地址，以便以后把车票钱奉还，你就给了我这张名片。"杰瑞慢慢想起了这件事，他问："后来呢？"

"不久之后，我就在一家公司站稳了脚跟，再后来开了自己的公司。当时，我在美国的工作、生活中经历了许多磨难，正是你对我的帮助改变了我对生活的态度。"

一个心存善念的人是应该得到回报的，这种回报也正是因为当初杰瑞种下了善因。我们试想，如果当初杰瑞没有拿出 5 美元来帮助这个犹太人，那么最后怎么会得到如此多的馈赠呢？

有时，人们把利益看得比生命还重要，有的人甚至为了自己的利益能够落井下石，看别人的笑话。可是我们要知道世事无常，谁都不知道将来你会需要谁的帮助，也许在他人有难的时候，你能够伸出双手帮助一把，或许会给自己带来人生的转折。

其实在人际交往中，特别是在别人需要帮助的时候，就要主动地去关心别人，你会因此积累人缘。因为人缘就是财富，人际交往最基本的目的就是结人情、积累人缘。求人帮助是被动的，可是如果别人欠了你的人情，求别人办事的时候自然会很容易，甚至不用开口就会有人主动帮助你。

用幽默释放你的魅力

在人际交往过程中，幽默可以避免在交往中产生摩擦，能够起到润滑剂的作用。幽默是心灵与心灵之间快乐的天使。一个人拥有了幽默，就等于拥有了爱和友谊。一个具有幽默的人，他所到之处一定会是一片欢乐的气氛。幽默还能够消除人与人之间的不和谐因素，带给人快乐。

在一个雨后的早晨，有一位小伙子不小心踩到了别人的脚，结果回头一看原来是一位漂亮的姑娘。漂亮姑娘新穿的鞋子被踩得面目全非，姑娘满脸怒气。小伙子连忙说："对不起，对不起，我不是故意的。"接着又伸出一只脚，认真地说："要不你也踩我一脚，出出气。"结果漂亮姑娘一下子就被小伙子逗乐了。小伙子这个时候又趁机搭讪，姑娘很乐意和他交谈，他的活泼和幽默给姑娘留下了很深刻的印象，结果最后他们两个人居然成为了要好的朋友。

其实，幽默能够让僵滞的人际关系活跃起来，使人心情开朗，愉悦乐观，带给别人欢笑的同时，也会送给别人美感。

我们可以把幽默看成是一门语言艺术，用生动深刻的语言消除人们的紧张感，化解人们之间的矛盾，让不利的一方摆脱困境，一个善于表现幽默的人更容易被他人喜欢。

王敏和齐方圆都是刚进入公司的新人。王敏血气方刚，容易冲动；齐方圆则比较稳重，具有幽默感。有一次，因为工作上的一些小摩擦，两个人产生了矛盾，王敏怒气冲冲地将齐方圆拉到外面的走廊里，要找个时间选个地方跟齐方圆决斗。

齐方圆笑着说："决斗吧，我也不怕你，不过方式得由我决定。"王敏同意了。齐方圆说："现在我们之间相距5米，赤手空拳，看谁先把对方打倒。"王敏先是一愣，然后哈哈大笑起来，就这样两个人的误会化解得烟消云散。

幽默在有的时候能够给你带来意想不到的好处，因为它不仅能使你成为一个受欢迎的人，也让别人愿意与你相处。幽默还是你工作上的润滑剂，促使你很好地完成工作。

如果你学会幽默，那么在给别人带来欢乐的同时就会获得更多人对你的敬佩，也会获得更多关心、支持你的朋友。

在人与人相处的时候，有时难免会因为一些事情造成尴尬，如果不及时处理还会引起更糟糕的事情。这时，运用幽默的语言就能轻松化解。

曾经有一位法国国王外出狩猎，中午时分，感到有些饥饿，于是就到附近的一家饭店点了两个鸡蛋暂时充饥。

吃完鸡蛋，店主拿来了账单，国王看了一眼奴仆接过来的账单，非常愤怒地说："两个鸡蛋两法郎，鸡蛋在你们这里真的是稀有之物吧。"店主毕恭毕敬地回答："不，尊敬的国王陛下。鸡蛋在这里并不稀有，但是鸡蛋的价格必然要和您的身份相称才行。"国王听完之后哈哈大笑，让奴仆付了账转身离去。

这位聪明的店主依靠幽默的言辞，不仅保全了自己的性命，还得到了丰厚的收入。可见在人际交往中，幽默起到了重要的作用，学会适时地幽默，就会给你的人脉增光添彩。

既要善于倾听，又要善于表达

倾听是一门艺术，一个渴望成功的人如果学会了倾听，就等于成功了一半。每个人都要认真地去倾听别人的讲话，因为这是你成功的希望，也是你开启别人心扉的金钥匙！

不久前，有一个人在一家商场里买了一件夹克，可是刚刚穿了几天就开始褪色，把他的衬衣都弄脏了。这让他感到非常气愤。

于是他找到那个售货员，想告诉他事情的原委，却被这个店员无礼地打断了："我们天天都在出售同样的衣服，发现你是第一个挑剔的人。"结果这个人开始与售货员争辩。

就在这个时候，另一个店员插话道："所有的黑衣服起初都会褪一点儿颜色，这不是我们的问题，而且这种价格的衣服就是如此，这主要是颜料的关系。"这个人听了店员的强词夺理之后，正准备破口大骂，经理正好走了过来，结果经理不仅平息了顾客的恼怒，更赢得了顾客的满意。

经理是这样做的：他首先认真地倾听了顾客从头到尾的经历。当顾客说完之后，两个店员又打算插话发表他们的意见。结果经理制止了他们，并且率直地对这个顾客说道："你有什么样的要求尽管提出来，我们会尽全力满足你的。"

这位顾客见经理很友好，态度也缓和下来说："我只是想知道这种情况是不是暂时的？"经理说："我建议你再试穿一个星期。如果还是如此，我一定会给你换件满意的，这样可以吗？"这个人最后听了经理的建议。在继续穿了一个星期后，衣服没有了褪色的情况。于是这个人更真正认可了这家店的服装，并且还介绍了很多朋友来这里买衣服。

我们试想，如果经理也像店员一样不听客户的诉说，那么可能会导致更糟糕的结果。这样一来，不仅失去了一个顾客，更重要的是对商店的信誉产生了恶劣的影响，这样算来损失就大了。可见倾听其实就是一种尊重，当你学会了倾听，赢得了尊重，同时也就赢得了信誉。

还有一次是在高峰会议上，公司请来了著名的经销经理王冠来作报告，在会上王冠讲起了他第一份工作中发生的一件事情。

那年王冠刚刚大学毕业，正是踌躇满志、想有一番作为的时候,可是没想到找了半年工作也没找到理想的,最后迫于生计做起了保险经纪人。王冠根本就不喜欢做保险,因为要跑到别人家里,而且随时都会遭到别人的拒绝,可是为了生计他还是硬着头皮做了。

在刚开始的时候,王冠只要一提自己是保险经纪人,立刻就会遭到别人的拒绝。后来他逐渐学到了一些技巧,开始和客户聊一些生活上的事情。

有一个女客户见到王冠便聊起家里的事情,滔滔不绝,说自己的老公一直在外面跑运输很久才回一次家,孩子不听话经常在学校里打架,她把这些苦水都倒给了王冠,丝毫不说保险的事情。

王冠也只是静静地听着,不时地还鼓励开导一下。终于到了最后,这位女客户停止了自己的唠叨,说道:"谢谢你这么有耐心听我说完,你能讲一下保险都有什么好处吗?"

此时的王冠一看机会来了,就运用自己丰富的专业知识向女客户讲了起来。通过女客户的唠叨,王冠知道他的老公是跑运输的,于是适时地讲一些保险对她的家人有什么样的好处,最后女客户说一定会慎重考虑的。

就这样,没过多久,这位女客户不仅买了保险,还介绍一些亲戚朋友来买。从此王冠不仅结识了很多客户,而且在业绩上也有了很大的提高。

这次成功的经历让王冠更加注重倾听客户,从他们的一言一行中找到切入点,进行有针对性的推销。

由此可见，倾听是多么重要，如果王冠没有耐心听客户讲那些生活上的琐碎事情，也许就不会有以后的业绩了。因为倾听是一种理解，倾听可以加深彼此之间的了解，通过倾听赢得了友谊的同时，我们也能够收获成功。

遵守自己的承诺，不说妄语

古人云："君子一言，驷马难追。"身为大丈夫，就一定要信守承诺，只有遵守诺言的人才能够赢得别人的信任。

诚信的美德会让一个小人物也处处受到欢迎，也会让那些英雄好汉成为佳话。如果不能信守诺言，那么小人物就非常难获得别人的友谊，大人物则会因此而收获恶果。

晏殊是北宋时期的大词人，他写过很多优美的词句，而文人出身的他在仕途道路上也非常平顺，晏殊曾做过辅佐太子读书的"东宫官"，这一切都跟他诚信做人是分不开的。

晏殊在小的时候就极其聪明，被当地人视为神童。有人把他推荐给了皇上，皇上对他也非常满意，并且让他参加当年的科举考试。

当拿到题目后，晏殊发现这个题目他几天前看过了，于是就如实地禀告了皇上，希望皇上能赐给他一个新的题目。皇上被晏殊诚实的行为感动了，立刻给他封了一个官职。

当时宋朝的文武百官都非常喜欢宴乐，城郊和京城的大小酒馆里经常能够见到这些大臣们的影子。

晏殊因为家里贫穷去不起那些地方，就天天在家里饱读诗书。后来，皇上对他说："文武百官都去宴乐，唯独你在家里读书。看来你的性情和人品真的非常适合做太子的'东宫官'，你以后就任此职务吧。"

晏殊听完之后连忙跪谢皇帝，同时解释道："吾皇万岁，臣不去宴乐，并不是因为清廉自首，而是因为家贫。如果臣也有足够的钱财，也一定会去宴乐的。"皇上听完晏殊此言哈哈大笑，从此更加信任晏殊了。

晏殊正是因为自己的诚信而赢得了平顺的仕途，也成为了后来很多文人效仿的榜样。

同样地，还有一个人我们也非常熟悉，这个人就是周幽王，他"烽火戏诸侯"的故事给后人留下了一个深刻的警告和教训。

在喜马拉雅山南麓，起初是很少有人观光的，但是后来吸引了大量外国游客，特别是日本游客来此游览，原因据说是一个非常讲究诚信的少年。

据说那时有一个日本游客来到那里观光，他感到有些口渴，于是就请当地的一位尼泊尔少年为他买10瓶啤酒。

可是过了两天，这个少年还是没有回来，游客们就开始猜测是不是那个少年拿了钱就跑了。可是等到第三天的时候，那个少年终于回来了，他把啤酒递给那位游客，并向他解释说："我去离这里最近的商店买，结果只买到 4 瓶，我只好再翻过一座山，在那里的一家商店买了 6 瓶，谁知回来的路上有两瓶啤酒打碎了，于是我不得不返回去又买了两瓶。"日本游客听完孩子的话，被这位少年的诚实守信感动了，回到日本后就把这个故事传开了。

于是，每年都有大量的游客因为这个动人的故事而被吸引到这里来观光旅游。

可见，诚实守信是一个人的立身之本，也是一个人结交人脉的基石。凡是成功的大人物都会花大力气建立自己诚实守信的形象。

据说当年李嘉诚在做生意与人借钱的时候，无论遇到多么困难的情况，一定会如期还给借贷的人。为此，李嘉诚建立了自己的良好诚信，从而让每个人都愿意与他合作，最终成就了他华人首富的地位。

我们在日常生活中与人交往的时候，也应该做到一诺千金，诚信做人。答应别人的事一定要做到，如果许下诺言，就一定要兑现。这样才能赢得可靠的朋友，获得成功的事业。

第二章
依靠圈子,人生不能没有朋友

　　我们每一个人都不能没有朋友。中国有句古语:"人以群分,物以类聚。"因此有人说,一个人有什么样的品位,就要看他交什么样的朋友。的确如此,我们每个人的成功是离不开朋友的,有了朋友的帮助,我们做起事情来才能够事半功倍,更快地获得成功。

人情千万不可透支

我们在使用人情上也要注意"度"的问题。有人说："友情是存在银行的一笔储蓄。"既然是储蓄，那么就不能透支；不然的话，朋友之间最终会成为友情的不毛之地。

有一个杂志编辑，由于杂志是纯文学刊物，所以经济效益很差，稿费低，又没有稿源。为了不降低杂志的水准，这个杂志编辑就开始利用自己的人脉关系，向一些知名作家约稿。而这些知名作家看在朋友的面子上写了几次稿，稿费却迟迟无法到位。结果，这个本来人缘很好的编辑，就因为透支了人情，把好好的人脉全部给搞砸了。

当你过度透支人情的时候，朋友自然就会怀疑你的动机，你是否在利用朋友？再高尚的人也是有私心的，只要透支友情，你们的友谊怎么能够长久维持呢？

在现实生活中，有的人交朋友的目的是非常明显的，这就是利用。刚交上朋友没几天，就开始试探着向朋友借钱、求帮忙。这样的话，朋友心里肯定会警惕。

有些人利用朋友面子薄，不好意思拒绝的性格，三天两头就会找朋友借小钱、蹭好处，这样三借两蹭，结果把友情透支光了。

朋友就好像我们在银行里面开个户头，可以储蓄你闲散的资金，以备不时之需。你存储得越多，那么你的财富就越富足。

当然，我们也可以开个感情账户，把银行开在朋友或是顾客的心里，你为了维系你们之间的关系，而存入真诚关怀、超值服务。你的感情账户存入得越多，你与朋友的感情就会越深厚。

真正的好朋友是可以让这本存折生生不息的，就像是一个稳定而且利率又高的定期存折，让你每次看到账户里的数字时，心头都会发出会心的笑容。

越是持久的关系，越需要不断地储蓄。不知道你是否有过这种经验，偶尔与老同学相遇，即使多年未见，仍然可以立刻重拾往日友谊，毫无生疏之感，而这就是因为过去累积的感情依旧存在，你没有透支过这份友情。如果是经常接触的人，那么就更需要时时投资，否则突然间发生的透支会令你措手不及。

在储蓄和使用你的"朋友银行"时，我们应该注意几个原则：

1. 弄清楚你和对方的感情到底如何，再决定是不是找人家帮忙。

2. 动用人情的次数要越少越好，以免把人情存款用光。

3. 有适度的反馈，也就是还人情，不要把人家帮你的忙当成是应该的，俗话说："有提有存，再提还有。"

4. 就算对方曾经欠你人情，你也不应该抱着讨人情的心态去要求对方帮忙，因为这样反而更容易引起对方的不快。

5. 不可轻易找斤斤计较的人帮忙，否则这种人情债会让你吃不消。

如果你不了解这些，动不动就找同学、找朋友帮忙，那么你就会发现，朋友看你的眼神、对你说话的语气都会变得不自然了，你似乎也变成了一个不受欢迎的人。

朋友帮你多少，你就要回报多少。你如果无适度地回馈，这其实就是一种透支。因为你平时对友情预支太多，等到你真正落难的时候，需要朋友的时候，可能朋友已经对你失望至极了，或者认为自己已经尽到了朋友义务，不想再帮助你了。

当然，朋友要想长远地交往下去，也需要偶尔"索取"一下，你完全可以找个由头，让朋友欠你一点儿或者你欠朋友一点儿。

这样既可以保持长久的友情，也会让朋友觉得你们之间有非同一般的关系。如果朋友之间过于讲究两不相欠，"君子之交淡如水"，友情往往就会因为缺少借贷或利益关系而无疾而终。

人脉能够创造机遇

我们总是习惯在一个人取得成功的时候说："那还不是他的运气好！"是的，事实可能也是这样。但是我们为什么不想想："为什么他的机遇比别人好？难道是上苍不公平，偏心他不成？"其实不是的，机遇对于任何一个人都是公平的，不同的是人脉关系的不同，可以说机遇就是人脉的潜台词，人脉关系的优劣会直接影响到机遇的多少。

学历、金钱、背景、机会等，也许这一切你现在还没有，但是你可以打造一把打开成功之门的金钥匙，应该把自己打造成为一个站在巨人肩膀上的英雄。

吕春穆最开始的时候是北京一所小学的美术教师，结果有一天，他偶然在杂志上看到一则有人利用收集到的火柴商标引发学生学习兴趣和创作灵感的报道，于是从这个时候开始，吕春穆决定收集火花。

为此吕春穆展开了广泛的交际活动：他首先油印了200多封言辞诚肯、情真意切的短信发到各地的火柴厂家，不久之后就收到六七十家火柴厂的回复，并有了几百枚各式各样精美的火花。

但是吕春穆并没有就此而满足，而是主动走出去以"花"会友。在1980年的时候，他结识了在新华社工作的一位"花友"，一次就送给他20多套火花，还给他提供了一个关键信息，建议吕春穆向江苏常州一花友索购花友们自编的《火花爱好者通讯录》。就这样，吕春穆又结识到了国内100多位还没有见过面的花友。他与各地花友互相交换着藏品，互通有无；而且他还会利用寒暑假，遍访各地花友，通过各种途径与海外的集花爱好者建立联系。

吕春穆不仅在与"花友"的交往过程中，享受到了无穷无尽的乐趣，而且这也为他的成名创造了机会。

之后，吕春穆先后在报刊上发表了几十篇有关火花知识的文章，还成为《北京晚报》"谐趣园"的撰稿人。更为重要的是，吕春穆的火花藏品已经得到了国际火花收藏界的承认，并跻身于国际性的火花收藏组织行列。

1991年，吕春穆的几百枚火花精品参加了在广州举办的中华百绝博览会，结果他以14年的收藏历史和20万枚的火花藏品被誉为"火花大王"而名甲京城。

可以说，吕春穆的成功就在于他营造的"人脉"，他以"花"为媒，结识朋友，然后通过朋友再认识更多的朋友，一直把人脉关系建立到全世界，由此而获得了成功的机会。

人脉与机遇是成正比的，丰富的人脉才能够为你带来更多成功的机遇。也许你会说你现在只不过是一名普通的公司职员，每天过着朝九晚五的生活，人脉对自己能够产生多大的作用呢？

可是不知道你有没有过这样的感慨："如果我有足够多的关系，那么一定可以更加顺利地完成这件工作！""如果我能够和哪位关键人物建立关系，那么这件事情做起来就方便多了！"

由此可见，人们机遇的不同，并不是由运气决定的，而是由他们的交际能力和交际范围决定的。甚至我们可以更准确地说，这是与他们交际能力和交际范围的大小成正比的。

在交际活动中，当你认识了别人，那么别人自然也就认识了你，而在你们友谊发展的过程中，你就很有可能获得发展的机遇。

是的，无论你从事什么样的工作，或者将来是否准备创业，你都需要有意识地去开发人脉，这会对你未来的发展起到事半功倍的作用。

总之，机遇的潜台词就是人脉，因为人脉越丰富，机遇就会越多。因此，我们应该把拓展人脉与捕捉机遇紧密联系起来，不断提高自己的交际能力，扩大自己的人脉网，从而增加获得发展的机会。

人脉为你改变时运

　　无论是社会学家、人际关系学家还是心理学家，都一致认为，一个人的人脉圈，往往就代表了一个人的社会地位和活动能量，代表了这个人发展和成功的内在潜能，甚至在某种程度上也代表了这个人的命运。

　　大部分成功的人士也认为，成功的人生就是做好三件事情：做人，做事，做人脉。其中特别是以做人脉为重，因为在竞争如此激烈的今天，一切事业都已经转化成人际关系的事业；无论是财脉还是命脉，我们都需要通过人脉进行疏通；而一个成功者的背后，往往都有着很多高质量的，甚至是不同反响的人脉圈。

　　所以，我们常常听人们说道，个体能量不再是衡量人的价值标准，圈子标签才是考量人的潜能的一条准绳。

　　哈佛大学商学院曾经特意做过一个调查研究，研究的目标就是想了解人脉圈在一个人的成就中到底扮演着怎样的角色。结果发现，被大家认同的杰出人才，他们通常有着不同一般的人脉资源，让自己的弱势得到有效弥补。

当一位表现平平的研究员遇到棘手的问题时，肯定会努力去请教专家，之后却往往因为苦等回音而白白浪费了时间；但是那些杰出的人才却因为在平时就已经建立了丰富的人脉资源网，一旦遇到事情的时候便直接找到最有效的"通道"，最后总是能够得以顺利过关。

曾经有一位写过无数伟人传记的国际级作家曾经说过："纪实文学写作的成功与否，取决于你能否和这些伟人成为朋友，能否走进他们的内心，而不是取决于你的文采和想象力。"可见，虽然每个人与生俱来就带来了各种人脉圈，但是只有善于经营、精于拓展的人才能把握好命运的主动权。换句话说，聪明的人不会被动地生活在圈子中，而是主动地在圈子中生活。

这种聪明的人，在国际上被大家称为"人脉经营者"或者"脉客"。在社会交往活动中，人们总是说，机遇的背后总是藏着这样或者是那样的人脉哲学。

斯坦福研究中心曾经也发布过一份调查报告，结果指出：一个人赚的钱，12.5% 来自知识，87.5% 来自人际关系。

这是一个非常令人震惊的结论，同时，更是让我们每个人应该清醒的结论。这让我们明白为什么世界上到处都是才华横溢，却郁郁不得志的人，而那些怀才不遇的抱怨者，通常都不会重视自己的人脉资源，以及人脉带来的力量。

人脉资源就是事业的资本，也是命运的转换器。当我们按动这个转换器，命运就会在你需要的时候转弯。

朋友让你的人生更加精彩

　　人脉投资之道，并不是我们现代人的发明，其实我们的前辈们要比我们还明白这个道理，也给我们留下了许多宝贵的积累人脉的经验供我们借鉴。

　　在清朝道光年间就有一位人脉投资"专家"，名叫胡雪岩，他正是掌握了人脉投资之道，才从一个倒夜壶的小差，一下子翻身成为名震一时的红顶商人。

　　胡雪岩在十二三岁的时候，为了养家糊口，亲戚把他介绍进入了一家钱庄做学徒。在钱庄里，擦桌、扫地、倒夜壶等小事对于胡雪岩来说是每天的工作。可是谁也想不到，这个天天倒夜壶的小孩，居然一下子倒出了无数的金元宝来。

　　原来在胡雪岩当伙计的时候，认识了一个穷书生叫王有龄。

　　王有龄在道光年间就已捐了浙江盐运使，但是没有钱进京。虽然胡雪岩小小年纪，但是练就了一双火眼金睛。通过交往，胡雪岩发现王有龄这人是一个做官的料，日后定能飞黄腾达。而当时王有龄又正在为当官没盘缠而发愁，于是胡雪岩决定赌一把，他把收账得来的500两银子借给了王有龄。

有了银子，王有龄即刻起程，途经天津的时候，遇到故交侍郎何桂清。在何桂清的举荐之下，王有龄到了浙江巡抚门下，当上了粮台总办。王有龄这边渐渐发达起来了，可是胡雪岩却因为私用账款而被炒了鱿鱼，坏了行规，坏名声在外，连个工作都找不到。

王有龄发迹不忘旧恩，立即拿出钱来，资助丢了工作的胡雪岩，于是胡雪岩开了一家名为阜康的钱庄。从此以后，随着王有龄的步步高升，胡雪岩的生意也是越做越大，除了钱庄之外，还开起了许多店铺。

当然，胡雪岩的迅速崛起，除了得益于王有龄之外，另一个人也起到了非常重要的作用，这个人就是左宗棠。

1862 年，王有龄因丧失城池而自缢身亡。于是，左宗棠继任浙江巡抚一职。就在这个时候，这位新任巡抚正被粮饷短缺等问题困扰着，而急于寻找到新靠山的胡雪岩又及时地出现了：在战事吃紧的情况下，他出色地完成了在三天之内筹齐十万石粮食的任务，从而得到了左宗棠的赏识和重用。

后来，胡雪岩又多次在后方协助左宗棠打了许多场胜仗。左宗棠向朝廷报功，保奏胡雪岩为布政使。最后，朝廷准奏，并恩赐黄马褂，胡雪岩的母亲也被封为"一品夫人"，胡雪岩由此官居从二品，成为了"红顶商人"。

在左宗棠任职期间，胡雪岩管理赈抚局事务。他广泛设立粥厂、善堂、义塾，修复名寺古刹；恢复了因战乱而一度终止的牛车，为老百姓提供了方便；向官绅大户"劝捐"，以解决战后财政危机等事务。从此，胡雪岩的名声更是大振，信誉度也大大提高。

等到清军攻取浙江之后，大小将领官员将所掠之财不论大小，全部都存入了胡雪岩的钱庄当中。胡雪岩也以此为资本，从事贸易活动，在各市镇设立了商号，利润颇丰，短短几年，家产就超过千万。

这便是胡雪岩的本事所在，用两个字概括起来，就是"投人"——投资人脉。

胡庆余堂是胡雪岩名下的一个享有盛誉的老字号，也为胡雪岩挣来了"胡大善人"的好名声，这家药店与他娶的一个妾有关。

原来，胡雪岩娶了芙蓉姑娘为妾。芙蓉姑娘祖上开过一家大药店，父亲去世之后，药店由叔父刘不才继承。

结果，刘不才过惯了吃喝嫖赌的日子，把一个好好的药店给败掉了。但是刘不才还有那么一点儿骨气，不耻芙蓉做妾，更不愿意认胡雪岩这门亲戚。

本来胡雪岩可以送点儿银子就把这个难缠的亲戚给打发走，可是胡雪岩不这么想，反而一门心思要认这门亲，因为他想要借助刘不才的力量开一家自己的药店。

胡雪岩看准了药店生意会好做：其一，乱世当口，军队行军打仗，转战奔波，一定需要大量的药；其二，大仗过后定有大疫，逃难的人生病之后需要救命，这也离不开药。而且，开药店还有活人济世、行善积德的好名声，容易得到官府的支持，这样就可以在赚钱的同时，为自己挣得好名声，何乐而不为呢？

可是在当时，胡雪岩自己不懂得药店生意，但是刘不才懂，所以只要能够将刘不才收服，帮他改掉身上的坏毛病，那么药店之事必成。这个叔父其实也是一个经营的人才，而且他手上的那几张祖传秘方也正好可以充分利用。

就这样，胡雪岩摆了一桌认亲宴，给足了刘不才的面子，就在宴席上谈妥了药店开办的地点、规模、资金等事项。

胡庆余堂就这样开起来了。在其后的几十年里，胡庆余堂成为名闻天下的老字号药店，素有"北有同仁堂，南有胡庆余堂"的说法。胡庆余堂不仅成为了胡雪岩的一个稳定财源，也为他挣来了"胡大善人"的好名声，更是给胡雪岩其他的生意带来了极好的影响。

胡雪岩能够利用一个挥霍还好赌的亲戚完成大业，他的"投人"之道可见一斑。

胡雪岩能在乱世之中，方圆皆用，刚柔皆施，上不得罪于达官贵人，下不失信于平民百姓，中不招妒于同行朋友，真可谓是圆通有术、左右逢源、进退自如，为此他才能够在晚清混乱的局势中站稳脚跟，在商业上红极一时。而我们综观胡雪岩的一生，其成功的最大秘诀就在于善于经营人脉。

良好的人际关系是成功的捷径

圆满的人生不仅仅局限于个人的独立，而且还需要追求人际关系的成功。维系人际之间的情谊，最重要的不是技巧，而是诚信。

一项研究表明，在被解雇的员工之中，有 2/3 的人是因为与其他员工相处得不好。可见，人际关系既可以帮助一个人获得成功，也可以让一个人失败。所以，无论一个人的目标是什么，选择了什么职业，如果想要获得人生的成功，那么就必须学会与别人搞好关系。

第一，不要低估任何人的价值。

俗话说："尺有所短，寸有所长"，"峰高必谷深"，一个人肯定是有长短的。所以必须以积极的态度对待每一个人，把每个人都当作非常重要的人物来看待，这样你就不会低估任何人了。

第二，不占别人的任何便宜。

人们最讨厌的就是那种为了自己而占别人便宜的人，通过损害别人的利益而让自己得益，看起来貌似非常成功，可是从长远的观点看，不但是错误的，而且也不会有好结果，既害人又害己，我们应该永远记住：那种想通过占别人的便宜而让自己获得成功的捷径是永远行不通的。

第三，请别人提个建议或者是给予帮助。

人们总是希望有机会展示自己的专长，而且喜欢那种因为自己有力量或者权威帮助了别人之后所产生的愉悦的感觉。所以，你应该不失时机地请别人提建议或是帮忙。当然，这样做仅仅只是建立良好关系的开端，而为了能够让关系更加健康有益，双方还应该互助互利。

第四，不要忘了给朋友"捎点东西"。

人与人之间最好的关系是双方都能够不时地从对方获益，如果希望双方的关系健康常在，那么在去见朋友的时候不要忘记"捎点东西"。例如，某些新观点、新见解、业务机会，或者是有助于个人发展以及鼓舞士气的资料信息、书籍刊物等。总之，什么东西都可以，只要能够达到帮助对方的目的就可以。

第五，将注意力从自己的身上移开。

在与别人交往的时候，我们往往首先想到的都是自己，这样很难建立良好而持久的人际关系。正确的做法是应该把注意力集中到别人的身上，这样就增加了建立良好人际关系的可能性。

第六，真诚地关心别人。

一个人不管有多么高深的本领和特长，也不管受教育的程度有多高，都不如真心实意地关怀他人更能够给人留下深刻的印象。你现在是某个人的上司，如果你不是首先让他知道你关心他，那么你是不可能对他有正面影响力的。如果你想建立良好的人际关系，首先要关心同你打交道的人。

第七，认真了解别人。

认真了解别人，这是关心别人的最好说明。因为没有什么能够比了解和记住别人的情况更能产生积极的效果了。

历史上最好的例子就是拿破仑·波拿巴与他下属的关系。拿破仑能叫得出他手下全部军官的名字。拿破仑·波拿巴喜欢在军营中走动，当遇到某一个军官的时候，就用这个军官的名字打招呼，谈论这个军官参加过的某场战斗或军事调动。而且拿破仑·波拿巴还不失时机地询问士兵的家乡、妻子和家庭情况，这都让部下和下属大为感动和惊讶，因为他们的皇帝竟然对他们个人的情况知道得如此一清二楚。所以，拿破仑·波拿巴的部下和下属便心甘情愿地对拿破仑忠心耿耿。

第八，对人要有包容心。

包容心是指能忍受别人不合理的行为和各种不顺心的情况，学习欣赏并接受不同的生活方式、态度、文化、种族，以及年龄、长相和习惯等。

我们每个人的行为、情感的发生都是有其原因和条件的，如果你处在这些情境当中，你也可能会这么做。

一个富有包容心的人,通常能够更多地看到别人的优点,对别人的评价,正面价值要多于负面价值,鼓励多于责难。

其实我们任何人都可以自由地选择爱或恨、批判或责难,为此,能否具有包容心,完全是掌握在自己手中,我们应该多注意别人好的一面,而不要总是挑剔别人不好的一面。

当然,包容并不是指我们要容忍别人所有错误的行为及不正常的性格。因为自夸、自私、贪婪、仇恨、忌妒、邪念等这些其实就好像是寄生在人们身上的水蛭,会带给他们痛苦,使他们生病,甚至夺走他们的生命。我们当然可以仇恨这些害虫,但是我们也应该同情被水蛭所害的受害人。

去爱一个可爱的人很容易,但是去爱一个不可爱的人就很难,我们要以宽容之心去体谅一个自大、傲慢、尖酸、刻薄、自私或粗鲁的人。

用一个人的100%,不如用100个人的1%

一个人永远不要靠自己花100%的力量,而要靠100个人花每个人1%的力量。

　　一家公司招聘高层管理人员，经过层层选拔，有9名优秀的应聘者从300多名面试者中脱颖而出。

　　最后一轮面试当然是由总经理亲自把关，他把9个人随机分成3组，指定第一组的3个人去调查婴儿用品市场，而第二组的3个人则去调查妇女用品市场，第三组的3个人去调查老年用品市场。

　　总经理还告诉他们："录取你们是要你们去开发市场的。现在我把你们分成3组，希望你们能够互相合作，全力以赴。"在临走的时候，总经理还交代他们到秘书那里领取相关的资料，避免盲目调查。

　　三天过去了，9个人都把自己的市场分析报告递交到了总经理手里。总经理看完之后，站起身来，走向第三组的3个人，分别与其握手，并且祝贺道："恭喜三位，你们已经被录取了！"

　　看着大家疑惑的表情，总经理这时说："请大家找出我给你们的资料，互相看看。"原来，他们每个人得到的资料都不一样，第一组的3个人得到的分别是本市婴儿用品市场过去、现在和将来的分析资料，其他两组也得到了各自调查对象的过去、现在、未来的分析资料。而只有第三组的人相互借用了对方的资料，补全了自己的分析报告。第一、第二组的人却各自行事，做出的市场分析报告自然是不够全面了。

　　总经理说："其实我出这个面试题目的目的主要是考查一下大家的团队合作意识。要知道，团队合作精神才是现代企业成功的保障！"

是的，一个人的力量是有限的，哪怕用尽 100% 也不能够保证最后胜出。如果很多人都能够奉献出自己的一些力量，那么胜利也就轻而易举了。千万不要期望自己是一个全能的人，也不要期望一个人能够付出 100% 的能力去帮助你。

我们要善于结交更多的朋友，他们只要在关键时刻付出 10% 的能力帮助你，就已经足够了。比如你要建一个工厂，这个时候需要 100 万的资金，如果你只有一个好朋友，可是他的全部资产只有 50 万，即使全部拿给你也还是解决不了问题。可是如果你有 10 个朋友，那么一人只要拿出 10 万就可以了；如果你有 100 个朋友，每个人只需要出一万就够了。

王强是一家生产运动鞋公司的老板，公司的经销商遍布全国各地，生意十分红火。有一次，上海的一位经销商因为鞋的质量问题向公司提出退货，王强仔细查看了那批鞋的质量，并没有发现有经销商所说的问题，所以拒绝退货。

原来真实原因是这位经销商受到了其他公司的诱惑，不想再和王强合作，于是就找了这个借口，甚至还威胁说如果不退货，以后就不再和他们公司合作了。

当时很多朋友都劝王强，千万不要因为这点小事失去一个大客户。王强却说："公司的销售不是仅靠一个大客户，而依靠的是全国所有的经销商共同的努力。如果我退货了，说明鞋子真的存在质量问题，那么全国各地的经销商都会要求退货，到时候失去的不是一个客户，而是所有的。"王强最终还是选择了拒绝那位经销商的要求。

　　一个人的成功不是靠一个人发展起来的，而是需要更多人的力量才能发展壮大的。所以，我们要广结善缘，让这些人在关键时刻都能够为你出一份力。

第三章
初入圈子,消除交际中的不良心理

　　良好的心理素质,是人们进行广泛社交活动的必要条件,也是交际的语言技巧,只有具备良好的心理素质,交际才能顺利进行。相反,如果心理状态不佳,会形成某些隔膜和屏障,在一定程度上更会阻碍了人与人之间的交往。所以,我们在工作生活中应该注重自身修养,努力克服出现的忌妒、多疑、自卑、害羞、傲慢等不良的心理状态,让自己更顺利地进入人脉圈。

克服人际交往中的倦怠情绪

在与别人交往的时候，我们一定要注意不能带有倦怠情绪。因为如果带着倦怠的情绪与人交往，这显然是非常不尊重别人的，别人也会以为你的倦怠情绪就是因他而起，从而变得不愿和你交往。

一个积极的精神状态是可以感染人的，也能够体现你与人交往的诚意。在很多外资企业中，我们一进公司就会被员工们积极的精神状态所感染，这些员工总是精神抖擞，面带灿烂的微笑。与这些人交往，你就会体会到阳光般的热情。

为什么这些员工总是能够保持这样积极的精神状态呢？就在于他们懂得，只有自己充满活跃的热情，才可以去感染其他人，才能够增进彼此之间的友谊，才能促进合作的成功。

也许他们在上班之前刚刚和家里人吵了架，也许他们最近的生活遭遇了大麻烦，也许他们的身体有些病痛，但是只要一面对他人，他们就会把自己的倦怠情绪隐藏起来，给人带去最光鲜亮丽的一面。

吕宁是一名保健品公司的推销员。她人长得高挑漂亮，而且说话也口齿伶俐，非常适合做推销员的工作，可是她的业绩在公司一直处于中下等的水平，这让她感到很沮丧。

最近因为公司的运营出现了一些困难，公司决定把推销员的销售标准提高50%。之后，大部分推销员都通过努力完成了目标，可是只有吕宁还在原来的水平上。为了帮助吕宁提高销售业绩，公司决定派一个有丰富推销经验的业务员杜晨帮助她。

杜晨和吕宁一起跑了几家潜在客户，发现吕宁在产品表述和推销技巧上完全没有毛病，唯一的缺点就是她在与客户交流的时候，明显缺乏积极性，总是一副疲倦的样子。

吕宁的这种精神状态肯定会让客户心理产生一定的不满，所以很多人没有当场与她达成交易。客户总是说："我再考虑考虑，然后给您回复。"基本上这样的答复就意味着推销失败了。

杜晨将他的这一看法委婉地告诉了吕宁。吕宁这才意识到她与人打交道时是有那么一点倦怠的情绪。因为吕宁本来的性格就比较悲观，所以很多生活上的不如意也就会不自觉地带到了与人交往当中。

在认识到这个错误之后，吕宁开始努力转变她的状态。每次去见客户，她都努力调整自己的精神状态，不让自己有一点倦怠情绪流露出来。

甚至吕宁还报了一个舞蹈班，让自己经常参加运动，这样就更能驱走精神上的倦怠。经过一番努力之后，吕宁的销售业绩得到了提升，不但完成了公司的任务，而且还超出了不少。在年末发奖金的时候，吕宁居然得到了比去年多一倍的数目。

　　我们经常说外向的人容易处理好人际关系，获得他人的友谊，而内向的人经常表现得孤僻，被人冷落。其实出现这种差异的原因在很大程度上来源于倦怠情绪，特别是内向的人更会经常表现出这种倦怠情绪。

　　由于他们的性格敏感，稍微遇到一点挫折便容易灰心丧气、身心疲惫。而外向的人常常能够从容地应付各种困境，无论是在什么样的情况下，他们都能够以最饱满的精神状态面对别人，这样的人怎能人缘不好呢？

　　李金和刘苏是同一个公司的员工，都在公司办公室做文职工作。在工作上李金是风风火火，做事雷厉风行；当然，在与人相处上，李金也同样干脆利落，有的时候甚至显得有点霸气。而刘苏做事不紧不慢，一切按规矩行事，与人相处也中规中矩的，很少有大的情绪波动。

　　那么这两个人谁在公司里更受人欢迎呢？当然是李金。虽然她偶尔的霸道情绪会让人心里有些不舒服，但是经过长期的接触，同事们发现她这个人其实并不是霸气的人，只是偶尔有些性急罢了，所以大家都不以为意。

　　跟李金接触，大家都觉得有积极向上的能量能够从她身上散发出来，受到了她的感染，自己也就会变得更积极向上了，所以都愿意与李金交往。

　　刘苏虽然看起来很和气，但是总有点身心疲惫的感觉，让人总觉得她自身的压力很大，都不愿意与她交往，怕得罪了她。

　　可见，倦怠情绪是与人交往的一大障碍，如果你不能够克服自身的倦怠情绪,那么你将很难积累人脉资源,也很难获得事业上的成功。

当然,赶走你身上倦怠情绪的方法有很多,我们可以进行一些体育活动,也可以听音乐、看电影等。倦怠感经常来源于精神压力,最后产生身体状态的改变。

所以,无论是通过身体调节还是精神调节,我们都是可以有效克服生活中的种种倦怠感。一种饱满的精神状态久而久之就会形成一种习惯,当你养成这种习惯时,那么你就能够游刃有余地面对任何问题。

摆脱挫折的困扰,勇敢向前走

无论从什么角度去看,人生都不可能是一帆风顺的。要好的朋友可能有一天会离开我们,关系良好的客户也有可能突然终止与我们的合作,事业也会不断遭受打击……可以说,人的一生时刻都伴随着挫折。

那么我们应该怎样对待这些挫折呢?因为朋友的离开,我们就不再交其他朋友了吗?因为事业遭受到了挫折,就自暴自弃吗?绝对不能这样。如果仅仅是因为一点挫折就一蹶不振,那么你的人生将会失去太多美好的事物。

有这样一句话："挫折是上帝化了妆的祝福。"的确，挫折的境遇虽然让我们感到痛苦得难以承受，但是当我们战胜这些挫折的时候，就能够收获更美好的人生。

曾经有一个农夫经营了一片麦地，他总是祈祷上帝不要让他的麦子经受风雨、冰雹、蝗虫等灾害的侵袭。

结果上帝真的答应了他。第二年，他的麦子果然没有经受任何风雨、冰雹及蝗虫的侵袭，农夫特别高兴。等到了秋天，农夫准备收割麦子，他认为这一定会是一个丰收年，结果却连一粒麦子也没有收到。

我们人生的经历就好像麦子成长一样，如果避开了一切的苦难和考验，那么最后只能收获一个空洞的结局。困难可以唤醒我们的灵魂，让我们的人生变得丰满而有意义。

乔纳森在学校里面是一个非常受欢迎的孩子。他乐观开朗，每个人都愿意与他成为朋友。有一次，他的班上转来了一个外校的孩子叫安东尼，安东尼性格内向，没有人愿意和他玩。乔纳森就主动邀请安东尼与他一起玩，还把安东尼介绍给自己的玩伴。有了乔纳森的帮助，安东尼也渐渐活泼起来，他与乔纳森的友谊也开始不断加深。

但是好景不长，安东尼和乔纳森的友谊出现了裂痕。原来是在一次游泳比赛中，乔纳森凭借出色的技术获得了冠军，安东尼仅以微弱的差别屈居第二。比赛结束后，乔纳森主动找安东尼庆祝，可是安东尼只是冷冷地握了一下手，就走开了。

原来安东尼也曾经是学校里面有名的游泳健将，所以对乔纳森夺走了他的殊荣非常忌妒，就这样，两个人以后很少来往了。

乔纳森因为失去安东尼而感到非常痛苦，但是他没有让这样的痛苦情绪控制自己的生活，他也没有因为失去了这样一个要好的朋友而不再相信朋友。乔纳森继续像从前一样广交朋友，并且真诚地对待每一个人。

乔纳森在大学毕业之后成为了一家跨国公司的项目经理，凭借着他多年积攒的人脉关系，使他在工作中如鱼得水了，十分顺利。

后来乔纳森在澳大利亚的生意出现了一场危机，他的朋友都帮不上他的忙。当时乔纳森非常焦急，因为他在那里投入了大笔的资金。可是就在这个时候，在澳大利亚有一个人给他打来了电话，说他可以帮忙解决这个问题。乔纳森听完之后简直是欣喜若狂，连忙问对方是什么人，那个人说他的名字叫安东尼。

原来这个人就是曾经和乔纳森关系破裂的那位朋友，经过多年之后，安东尼认识到自己当初是因为狭隘的心胸而伤害了友谊，所以，他现在用实际行动挽回了这场友谊。

试想，如果当初乔纳森面对友谊的挫折而一蹶不振，那么会有什么结果呢？他可能变得开始怀疑任何人，甚至不再主动与他人交往，那么他的人生将完全是另一番景象。可是，乔纳森经受住了这次考验，不但收获了更多朋友，而且赢得了美好的人生。

孟子说："故天将降大任于斯人也，必先苦其心志，劳其筋骨，饿其体肤，空乏其身。"现实也的确如此，无论哪方面的成功都必须要经过挫折的考验，否则这样的成功也是不牢固的。

但是，我们每个人都喜欢顺利的环境，根本不愿意经历挫折和苦难。但是我们之所以取得成绩，绝对离不开那些困境的磨砺。

就好像麦子的成熟，不仅仅需要温暖的阳光，同样也需要风雨的历练。没有经历风雨的麦子是不会结出籽粒的，没有经历挫折的人生不会有丰富的色彩。

所以，我们应该用正确的态度对待挫折，把挫折当饭吃，用从挫折中得来的营养来完善我们的人生。

不要让恐惧成为你交际的绊脚石

其实，我们每个人都有和别人交流的强烈愿望。可是，在更多的时候，我们往往因为战胜不了自己的羞涩、恐惧之心而选择退缩。归根结底，这些都是由于我们的自信心不足造成的。

自信表现为"你的舒适圈（在不同场合中能够让感觉到的自在程度）有多大"。一个没有自信的人，他的舒适圈是很小的，总是怕被拒绝，所以很多人不愿主动走出去与人交往。被称为中国台湾卡耐基之父的黑幼龙举例说，在鸡尾酒会或者是婚宴场合，西方人在出发之前，都会先吃点儿东西，并且提早到现场。因为这样可以让他们认识更多的陌生人。但是在华人社会当中，大家对这种场合总是显得有一些羞涩，不但有的时候会迟到，而且还会尽力找认识的人进行交谈，甚至是好朋友们大家约好坐一桌，以免碰到陌生人。

其实，我们很多人都会在社交场合产生恐惧和害羞的情绪，严重的人则被称为有社交恐惧症。

很多人都曾经遇到过这样的烦恼：花了很长时间准备了一个会议或者是与人洽谈的机会，可是一到临场的时候就开始紧张不安，以至于都忘记了自己事先准备好的要说的话、要提的问题、事情的进程，等等。

临场紧张不仅让我们手心冒汗、呼吸急促、讲话口吃、失去应有的风度，更严重的是有可能影响一些重要的事情，令人懊恼不已。

虽然大部分人还是能够正常与人交往的，但是在公共场合，能够从容自信、大方得体地表现自己的人还是很少的。

要学会与人沟通，首先就应该战胜社交恐惧的心理。以下的这些方法，有助于帮助我们消除在社交场合的恐惧心理。

第一，说话一定要声音洪亮，不要怯场。

第二，服装要得体、优雅，最好能够给自己准备一件华贵的衣服，这样就会大大增加你的自信心。

第三，与人会面之前，如果遇到不愉快的事，应该利用很短的时间让自己的心情转为愉快。比如，走到书摊前，翻看自己喜欢的杂志，看一些笑话，让自己大笑一番；逛逛附近的百货店，欣赏悦目的商品，等等。

第四，对手让你忐忑不安的时候，你可以设法提前会谈或碰面的时间。

第五，提前到达会场，心理上就不会那么畏畏缩缩了。

第六，以轻快的步调走到会场，心情会轻松许多。

第七，保持眼睛的高度与对方齐等，这样精神压力就会减轻不少。

第八，选择场地的时候最好选择自己熟悉的地方，如果办不到，那么至少也要选择双方都不太熟悉的地方。

第九，遇到可能使你畏缩的对手时，说话的时候一定要一直注视对方的眼睛。

第十，把关键问题越早提出来越好，这样紧张感就会缓和。

第十一，在怯场的时候，可以坦白向自己承认："我有点儿怯场了，真不像话！"只要意识到这点，自己也就不再那么紧张了。

第十二，如果你感到气势上已经被对方压倒，不妨拿出一张纸，胡乱涂写。这个办法有两个作用：一个是对自己来说由于随意胡乱涂写，手指的运动会让你大脑的紧张感有所缓和，而另一个则是可以搅乱对方的心理，分散其注意力。

第十三，在谈话之前，想出一些自己的优点和成就，就会产生较大信心。

第十四，告诉自己："我紧张、不安，对方也会与我产生同样的感觉。"这个时候，你的心理会坦然些，也会增加勇气。

第十五，告诉自己："我的对手与我一样，也只不过是一个平常的人。"这样的话，你就不会被对方的社会地位或头衔而吓到。

第十六，为了防止谈话突然中止产生尴尬气氛，我们应该事先准备一些资料、备忘录之类的东西，以便随时可以若无其事地翻看。

第十七，当你忽然被对方的问题难住或者是无法回答的时候，要立刻反过来问对方有关的另一个问题。

第十八，发现自己说错了话，就应该立刻在脑子里想与此全然无关的事情。

第十九，发现自己非常紧张，一定要控制自己，让所有动作都缓慢下来。

不抱怨的人才能积累更多的人脉

有一匹马拉着一辆车往前走，因为道路不平，所以走起来非常艰难，车轮子发出吱吱的声音。在走了一段路之后，车轮子开始抱怨起来，马就责备它说："拉车的是我，你为什么要抱怨呢？"

其实在生活中，有很多人都习惯对各种困境进行抱怨。这样的人不去想办法解决问题，只会发泄他的不满，也会让周围人的情绪受到影响，因为没有人喜欢抱怨的人。

周冰是某公司的职员，原本她的生活条件很不错，但是她有一个非常不好的毛病就是爱抱怨。

有一次，她在家里跟丈夫吵了几句，就不高兴起来。到了上班的时间还是念念不忘这件事，于是就开始和身边的同事抱怨他的老公是多么平庸懒散，自己怎么在结婚前没好好考虑之类的话。

当时就有一个同事听不下去了，就对她说："你连你老公这样的人都抱怨，要是换了其他人不是更抱怨吗？你没见咱们销售部的小李天天和她老公吵架，还三天两头不回家，如果遇上这样的老公,估计你早就崩溃了。你看人家不也好好的嘛?所以说你还是知足吧。"周冰听完之后没话说了,但是心里还是愤愤地不服气。

周冰不仅对家庭不满意,而且对工作也喜欢挑剔。每当有领导分配下来任务的时候,只要她多做了一点点就会抱怨不停。

所以,大家在工作的时候都会选择尽量躲着她,免得惹上麻烦,时间一长,周冰在工作中就很孤立了。可是她并不反思自己的毛病,反而继续抱怨她的同事不好相处,最后只能另谋他就。

抱怨的人最喜欢做的事情就是把责任推给他人,自己却不负半点责任,就好像全世界都亏了他似的。这样的人在生活当中其实是很多的,谁在他身边待着,谁就会落下一身的不是。

朱燕是报社里面新来的编辑,作为新人,她主要是负责去采访一些时事新闻人物,并把他们的报道写出来。朱燕对这份工作非常热心,出差和采访更是非常积极。

有一次,朱燕去一个农村地区采访一位由于儿女不孝而受到虐待的老人。采访的过程还是很顺利的,朱燕也得到了老人生活的详细资料,之后摄影编辑又拍了照片,他们就回报社了。

朱燕花了一夜的时间赶制出了这篇新闻报道,准备在近期就登到报纸上。这个时候她去向摄影编辑要照片,摄影编辑就把照片发给了她。可是没想到看到照片之后,朱燕立刻开始埋怨起来:"你怎么从这个背景下拍照片呢?你这张照片根本就无法反映老人被虐待的背景,怎么才能够打动读者呢?"摄影编辑听完之后连忙反驳说："不是你让我在这个地方拍的照片吗？怎么现在又赖到我头上了呢？"朱燕也不听摄影编辑的解释，一心认定是这个摄影编辑搞砸了照片，心里非常郁闷。

其实，在工作当中类似的事情还有许多。每当有人跟朱燕一起出去采访的时候，她都能给别人挑出毛病来。

最后同事都到主任那里反映："您别派我和朱燕一起出差了。一点好也落不下，只能弄出一身不是来。您还是派别人去吧。"到了后来，朱燕被领导严厉地批评了一番，还被派到其他部门工作，因为现在部门的人已经被朱燕得罪光了。

无论是在生活中，还是在工作中，绝对的公平是没有的。爱抱怨的人凡事都是以绝对的公平为标准，所以生活是非常痛苦的。而那些积极乐观的人却能够以平常的心态看待生活中的考验，无论是遇到什么样的事，都可以用最好的办法去处理。这样的人无论是同事还是朋友，自然会非常喜欢他。

喜欢抱怨的人的朋友是越来越少的，最后只能成为孤家寡人。而一个不抱怨的人在哪里都能受到欢迎，人们都愿意与这样的人相处，也愿意与他合作。只有不抱怨的人才能够赢得超高的人气，才能够赢得事业上的成功。

自以为是会让你的人脉很糟糕

有很多人为人处世总是喜欢自以为是,别人的观点他从来都听不进去,总是认为自己的观点是正确的。

在人群当中,自以为是的人最喜欢的就是高谈阔论,但是真正佩服他们的人并不多。这样的人自然也不会有多少朋友,因为没有人喜欢高傲自大的人,这样的人通常活得孤独而失败。

赵明和王阳在同一家广告公司做文案策划,他们是部门里面两个业绩比较好的员工,所以很受公司的器重。

但是这两个人的工作风格完全不同,当赵明有了一个好的创意之后,他会不断地征求大家的意见,从而进行相应的修改,直到满意为止。有时候,他向别人征求意见,人家就对他说,你做得已经非常好了,不用再改了。但是赵明仍然非常诚恳地请求别人提些意见,所以同事们都非常喜欢他。

王阳则完全不同,他的创意从来是不许别人更改的,因为他觉得别人的更改有可能破坏了他作品的风格和完美,即使客户对他提出意见,他也会极力反驳。

有一次,一个做房地产的客户对王阳的方案提出了不同的要求，说他应该按照这个方式改一改。

谁知王阳当场就反驳说："你到底做没做过这一行，广告如果像你说的那样改，根本无法吸引消费者，怎么能形成广告效应？"原本客户是带着好脾气来商谈的，一见王阳不接受自己的意见，就干脆对他说："您是高人，我们请不动您，找别人总行吧？"于是本来谈好的一笔单子就这样丢了，也让公司损失了一大笔生意。

后来，王阳又出现了几次得罪客户的情况，公司觉得这样下去实在不行，所以就把王阳辞退了。尽管王阳的业务很优秀，也曾经为公司作了不少贡献，但是因为他太自以为是的做人态度，最后只有被辞退的结果。

自以为是的人通常有点小聪明，他们有一种高于他人的优越感，好像这个世界上谁也不如他。这种人不但在行为上让人非常厌恶，而且在他们的心里也不尊重别人。

尊重是相互的，如果你不尊重别人，怎么可能指望别人去尊重你呢？所以，这样的人最终还是会被大家排挤，落得一个怀才不遇的下场。

拥有真正智慧的人，无论自己有多么多的学问，都会谦虚地向他人学习，并且尊重每个人的看法。孔子云："三人行，必有我师。"其实我们每个人都有一些过于常人的优点，而那些自以为是的人却只看到了自己的优点，没有看到别人的优点，所以才会高傲自大起来。

韩铁龙和武邢东是一个市里的知名武术大家，他们都曾拜访名师习武，二十几岁就成名于江湖。在成名之后，韩铁龙在一家武馆任教头，带领一些徒弟习武，也不断提高自己的武艺。而武邢东由于生在官宦世家，所以对生计不用发愁，整日纠结一帮江湖朋友，专以习武为业。

久而久之，武邢东就觉得自己非常了不起了。当时与他交过手的人没有一个不是失败而走的。可是韩铁龙没有和他交过手，他觉得自己的本领一定可以战胜韩铁龙，于是找到他非要比试不可。

其实韩铁龙是一个不爱惹是生非的人，因此尽量躲着武邢东。但武邢东紧逼不舍，他只好答应比试。

在比武的时候，武邢东招招都下了狠手，韩铁龙闪展腾挪，处处谦让。最后韩铁龙故意卖了个破绽，让武邢东赢了比赛。

武邢东当时非常得意，这下他终于成了方圆百里的一等高手，于是回家之后就大摆筵席，邀请朋友庆祝这一胜利。

在席间，大家推杯换盏吃得很尽兴。突然席间有人小声地嘀咕："武少侠的头发怎么掉下来一绺？"后来大家口口相传，都注意到了这个问题。武邢东发现大家的神情不对，就问身边的亲信，亲信告诉他他的头发掉下来一绺。

这个时候，武邢东才发觉原来在比武中韩铁龙已经把他的头发在不知不觉中削掉了一绺，可是他毫不知情，还在这里大肆庆祝，因此备觉羞愧。

自以为是的后果往往就是自取其辱，这样的人终究会因为自己的短见而受到教训。如果你一开始就有了自以为是的心态，那么就一定要想办法克服掉。

因为这种心态意味着你已经看不到别人的优点，也就意味着你不能客观地看待事实了。所以，要想建立良好的人脉和事业，就必须要学会谦虚做人，千万不能自以为是。

懂得付出，才有收获

要得到多少，首先必须付出多少，这其实就是生活最低限度的法则。你从别人那儿获得的任何东西都是由于你之前所付出的回报。换句话说，你在付出的时候越慷慨，付出得越多，那么你得到的回报也就越丰厚；而你在付出的时候越吝啬、越小气，你得到的回报自然就越少。

不遗余力地付出，这是我们每个人追求成功最安全和可靠的方式。一个能够为别人付出许多时间和精力的人才是真正富足的人。

我们试想，如果每一个人都能够真诚地为他人付出，在自己的一生当中帮助别人，世界肯定会变得非常和谐与美好。

当然，对他人付出就好像是没有存折的储蓄，我们每一个人也会得到别人的帮助。良好的人际关系，别人的热心帮助，也就会为你的成功打下坚实的基础。

不计回报地付出最终会让你的事业获得成功,有这样一件事一直以来都被人们津津乐道。

在一个非常寒冷的夜晚,一个简陋的旅店中来了一对上了年纪的客人,可是非常不巧的是,这间小旅店的客房已经满员了。

"这已经是我们找到的第 10 家旅店了,这样的天气,到处客满,我们该怎么办呢?"这对老夫妇望着阴冷的夜晚开始发愁。

而此时店里的小伙计实在不忍心让这对老年客人受冻,于是便建议说:"如果你们不嫌弃的话,今晚就睡在我的床铺上吧,我可以一会儿打烊的时候在店里面搭个地铺。"老夫妇听完小伙计的话后非常感激。

第二天,老夫妇要按照旅店住宿的价格支付客房费,小伙计坚决地拒绝了。在临走的时候,老爷子开玩笑地说:"如果你经营旅店,你一定可以当上一家五星级酒店的总经理。""是啊!起码收入多些,可以养活我的老母亲。"小伙计随口应和道,哈哈一笑。

可是没想到的是,在两年后的一天,这个小伙计收到一封寄自纽约的来信,在信中夹有一张往返纽约的双程机票,信中邀请他去拜访当年那对睡他床铺的老夫妇。

于是小伙计来到繁华的大都市纽约,老夫妇俩把小伙计带到大街上,指着不远处一幢摩天大楼说:"这是一座专门为你兴建的五星级宾馆，现在我正式邀请你来当总经理。"

年轻的小伙计就是因为一次举手之劳的帮助他人行为而美梦成真，这就是著名的奥斯多利亚大饭店的总经理乔治·波菲特和他的恩人威廉先生一家的真实故事。

我们每个人都是有感情的，当你真心帮助别人的时候，别人也会因为你的行为而受到感动，也会给予你同样真诚的回报。

真诚坦率地付出是令人愉悦的品质之一，更是人际交往的纽带。那些愿意付出的人，他们都是心胸宽广、慷慨大方的。

有一位名叫德兰的修女，她就是一个舍己为人的人，她把一生都献给了印度的穷人，她是"穷人的圣母"。德兰的付出让自己收获了成功，也赢得了世界人民对她的敬仰和爱戴。

1979年，德兰修女获得了诺贝尔和平奖，这是继1952年史怀泽博士获得诺贝尔和平奖以来最没有争议的一个得奖者，也是20世纪80年代美国青少年最崇拜的人物之一。

德兰也是当时世界上获奖最多的人，但是她认为自己只是穷人的手臂，她是代替世界上所有的穷人去领奖的。

德兰一直以来都是无私付出，把爱带给了那些病人、被遗弃的人、没人关怀的人、流浪的人、垂死的人以及那些内心饥饿的人。

她正是怀着平凡的爱，却做着最不平凡的事情，可以说德兰的一生完全就是一个奉献者形象。德兰创建了仁爱传教修女会，并在她1997年去世时拥有了4亿多美元的资产。在当时，有很多公司都乐意无偿地捐钱给她；在她的组织内有7000多名正式成员，组织外还有数不清的追随者和义工；她甚至与众多的总统、国王、传媒巨头和企业巨子关系都非常好，并且受到他们的尊敬和推崇……

当然，回报这不是帮助别人的目的，但是帮助别人常常会为我们带来回报。欲要取之，必先予之，可见，在你真正需要帮助的时候，你会知道别人的付出对于你来说有多么重要。

用诚恳去感动对方

真诚是一把万能的钥匙，它能够开启通向他人心灵世界的大门。只要我们真诚地对待别人，那么必然会得到意想不到的收获。

有一家杂志社的社长刘娟女士，她想要请一位颇有名气的作家为她的杂志写专栏。

于是她驱车到了作家的家里对他说："我想在杂志上为您做一个专栏，麻烦您支持。"可是这位作家当时实在是太忙了，每天要上课、演讲，时间已经排得满满的了，不管刘娟怎样婉言相求，这位作家都是百般推辞，就是不答应。

作家说道："您看，我简直忙得快要疯了，我现在正在准备资料，3个小时之后还要赶飞机到北京上课。"看到作家如此坚决，刘娟只好告辞。

大约过了3个小时之后，作家推开自家大门想要叫计程车赶赴机场时，却发现刘娟的汽车并没有离开，她真诚地对作家说："先生，实在对不起，影响了您的行程时间。但是我知道先生的文笔很好，错过了这次机会我就再也找不到像您这样学识丰富、阅历深厚的人了，希望我们的合作愉快。"

刘娟说完话，亲自打开车门，笑着对作家说："先生，时间不早了，我载您去机场吧！"没过多长时间，作家的专栏就如期地刊登在刘娟创办的杂志上了。

其实在这个故事当中，刘娟就是通过真诚的邀请，并且细心地留意到了作家要赶飞机这一细节，从而征服了作家的心，达到了让作家写专栏的目的。

真诚是赢得人心的根本，以诚待人、以信取人，都需要以真诚作为前提。吹牛撒谎、虚伪狡诈的人，最终必然会走向众人的对立面，成为形影相吊的孤家寡人；只有打开自己真诚的胸怀，才能够在社交当中赢得人心，为你的事业开拓崭新的未来。

真诚待人是赢得人心、产生吸引力的必要前提。对待你的朋友心眼实一点、心诚一点，那么你必然能够得到与更多的人合作的机会，从而获得更多的成功概率。

想要得到知心的朋友，首先就应该敞开自己的心怀，要讲真话、讲实话，不要遮遮掩掩、吞吞吐吐，要通过自己的坦率来换得朋友的赤诚和友爱。

谢觉哉同志在一首诗中就曾写道："行经万里身犹健，历尽千艰胆未寒。可有尘瑕须拂拭，敞开心扉给人看。"

由此可见，真诚就是栽培友谊花朵的营养素，更是美化社交环境的天然素。知无不言、言无不尽，以自己的开阔、大度、实在、真诚的言行举止来打开对方心灵的大门，并能够在此基础上并肩携手、合作共事。

著名的科学家达尔文在接受采访的时候，曾经毫不遮掩地说出自己的缺点："不懂数学和新的语言，缺乏观察力，不善于合乎逻辑的思维。"当达尔文被问及治学态度的时候，他又答道："很用功，但是并没有掌握有效的学习方法。"在这里，我们不得不为这位大科学家的坦率与真诚喝彩。

按照常理，像达尔文这样闻名全球的大科学家，在回答提出问题的时候，完全可以说几句不痛不痒的话，甚至是为自己的声望再添几圈光环，达尔文却是这样真诚。一是一，二是二，达尔文把自己的缺点毫不掩饰地袒露在人们面前，人们不但没有小瞧他，反而看到了伟大科学家的人格魅力，不由得从心底深处喜欢他。

所以，怀有真心诚意的本质，去"真心诚意"地做事，不造作、不虚伪、不欺骗，让对方能够真诚地接受你、认同你，这样你才会获得与别人合作的机会，这样就最大限度地拓展了你的成功之路。

远离愤青，调整好心态再去交际

"愤青"一词最初来源于国外，主要指一些对社会现状极度不满的愤怒青年。这些人总是喜欢抨击社会时弊，对任何现象都加以谩骂和嘲讽。

愤青心态主要是由于青年人喜欢以自我为中心，任何事情以自己的喜好为评判标准，因此凡是不符合他们观点的现象都会被他们抨击。

有愤青心态的人大多数是情绪暴躁、草率而盲目。愤青心态对于一个人的事业和交友都有严重的影响。由于没有人愿意与愤怒的人交朋友，更没有人愿意与愤怒的人合作，所以这样的人在社会当中最终只能成为边缘人。

赵亮是一名新闻记者，在单位里是出了名的愤青。他在报纸上发表的文章很少有正面歌颂的，主要都是揭露社会黑暗面。尽管如此，因为他也说了不少实话，读者反映也不错。所以报社一直对他的工作给予大力支持。

但是赵亮的愤青情绪不仅表现在工作中，而且在与人相处的时候也都抱着一种愤愤不平的心态。

比如当上级领导来检查工作的时候,他的主任要求他把手边的工作整理一下,以迎接领导的检查。赵亮表面上是答应了,谁知道后来才发现他一点都没有整理,还好有同事及时发现,帮他整理好了,才没有惹出大麻烦。

赵亮的同事因为和他相处久了,大家也都知道他的倔脾气,所以有的时候就躲着他,不去惹他。

后来赵亮的单位又调来了一位新领导,结果这位领导可不像原来的领导那样纵容他。当他几次没有完成领导嘱咐他要办的事情后,领导就毫不留情地辞退了他。

面对这次失业的打击,赵亮居然还没有完全醒悟。他觉得在大城市里面,社会的黑暗面太多,人际关系也复杂,于是就来到一个小城市的报社里继续做记者。

当招聘单位看到他原来工作的单位是一家非常有名的报社之后,就让他留了下来。可是这个工作赵亮只做了不到半年就又不想干了。

因为小报社的利润低,所以员工经常要加班争取业绩,别人对此都没有什么怨言,但是赵亮却唠叨不停,后来干脆不来了。

单位要组织员工上街宣传,让员工自己去卖一部分报纸,结果赵亮去了一次再也不去了。后来赵亮的同事都向领导反映,说他对自己的任务从来不去完成,到了最后都是大家帮他完成。所以,最后谁也不愿意让赵亮在他们的部门做事,没有办法,赵亮只好再次换单位。

在社会当中，愤青们的状态大抵和赵亮差不多——人缘极差，工作起来更是满腹牢骚。如果遇到一个好说话的领导，他们可能还可以将就着工作一段时间；如果领导跟他们较真，那么职场上最先被淘汰的估计就是他们了。

一个人要想在社会上取得成功的事业和生活，那么就必须结识方方面面的人物才行，但是愤青们却做不到这一点。

你让他们去结识一些政府官员，他们就会觉得这是勾结权势，侮辱了他们的人格；你让他们去结交一些商业的精英，他们也会说这是搞金钱崇拜，打死都不会去。

在为人处世上，愤青们的观点通常也是非常极端的。他们从来不会去研究做人做事的技巧，把别人的智慧处世方法全都看成是圆滑狡诈，把别人的成功也都看成是唯利是图。

所以，愤青的心态永远都不可能让一个人成功。而且更可怕的是，当这些人日后悔悟的时候，他们已经错过了最好的发展机会，这样他们的成功之路将会变得更为艰难。

要想拥有好的人脉网，要想获得成功，就必须摒弃自己的愤青心态。摒弃愤青心态不是要让一个人失去正义感和原则，而是让一个人能够理智地面对社会当中的各种现象，并且以最妥当、正确的方法去处理事情。这样，一个人才能真正得到成长，真正取得成功。

让朋友意识到他的重要性

　　每个人都希望自己在别人那里受重视，哪怕是一次深情的谈话，或者是一次静静的聆听，都能够让他认为他对你是很重要的。知道自己是重要的，就自然会对自己更加有信心，哪怕是最平庸的人也会因此信心倍增。

　　要想真正地让一个人对你敞开心扉，那么最好的办法莫过于你能够让他感到，你对他的所作所为真正感兴趣。你对别人的关注，自然就会让他们觉得受到了你的注目、重视和认同。

　　多花一些时间陪自己的孩子，并且经常问问他："你在做什么？"对于杂货店的收银小姐，你不妨对她说："你的手指每天这样运动一定会变得很灵活，你一定适合弹钢琴或吉他。"当你星期一早上到办公室的时候，你何不向你碰到的第一个同事打声招呼："嗨，假日过得好不好啊？"这样做就能够让你养成与人亲善的习惯，也会适当表现出你对他人的兴致。与人相处的时候，时刻尊重别人，给别人以自尊。

　　如果你总是喋喋不休地谈论自己，谈论自己以往的宏伟业绩，那么你将发现人们会离你而去，因为你并没有令他们感到愉快。他们希望你能够谈论他们，能够对与他们相关的事物感兴趣。

纽约电话公司曾经针对电话对话作过一项调查，调查一下在现实生活中哪个字的使用率最高，在500个电话对话中，"我"这个字使用了大约3950次。这说明，不管你是什么人，不管你的实际状况如何，在内心当中都是非常重视自己的。

美国学识最渊博的哲学家约翰·杜威说："人类本质里最深远的驱策力就是希望具有重要性。"当每一个人来到这个世界上的时候，都有被重视、被关怀、被肯定的渴望，当你满足了他的要求后，那么他人就会在你重视的那个方面焕发出巨大的热情，并且成为你的好朋友。

人类的行为有个极为重要的法则，就是时时让别人感到重要。如果我们遵从这一法则，不但不会惹来什么麻烦，反而还能够得到许多友谊和永恒的快乐。但是，如果我们破坏了这个法则，那么就难免招致麻烦。

有一个女人请了四位同事到她家里吃饭，她非常真诚，摆了一大桌的酒菜。当时三个同事如约而至，可是有一位同事仍不见踪影，女主人在门口急得东张西望、搓手跺脚。

这个时候一个同事从里面跑出来安慰她不要着急。谁知这位女主人随口说出这样一句话："该来的不来。"当时旁边劝她的这位同事一听，心里想："这样说，我岂不是不该来的。"于是"哐当"一声甩门而去。

里头的另一位同事见状，急忙出来好言相劝。哪知这位女主人又从嘴里蹦出一句:"唉,不该走的又走了!"本来好言相劝的同事一听,立刻怒从心起:"不该走的走了,那意思不就是该走的不走。行了,你也甭解释了,我走了。"最后在屋里等的那位同事急忙出来帮着主人挽留客人。

可惜没有想到,这位女主人口才实在不佳,竟然又冒出一句:"我根本不是冲他们说的。"最后这位客人一听:"哦,你不是冲他们说的,那不就是冲我说的吗?算了,我也不留了,一起走吧!"

这虽然仅仅是一则笑话,但是能够深刻地反映了人们渴望被人尊重的心理。

那么,你怎样才能使人们觉得被重视呢?这里有一些技巧:

第一,尽可能多地使用他们的名字。

人的耳朵最喜欢的声音就是自己名字的发音。这说得没错,这是属于他们自己的独一无二的声音。如果你经常使用它,那就意味着你真心地关心他们,那会使他们觉得你是非常珍贵的。

第二,聆听他们。

这听起来很简单,而它也确实很简单,如果你认真对待的话。可是,如果你是假装的,它就是世界上最难的事情。抛开关于自我的想法,聆听他们对你说的话。

第三,称赞并认可他们的成就。

这不是什么重大的事情,小事情也可以。你可以说:"有一天我路过你们家花园,你种的花草长得真好啊。"这句话也许很有效。或者说:"你的领带很好看,与这套西装搭配得很好!"

注意到并说出人们的独特之处能够使人们觉得与众不同。

第四，如果有人等着与你见面，一定要向他们打招呼。

千万不要忽视等着与你见面的人。即使你只会意地看他们一眼，并且让他们知道你很快就会到他们那里去，也将使他们觉得你很在意他们。

第五，尊重对方的决定和意愿。

一个人的决定和意愿是他自己的权利，也是他的自由。对其表示尊重，就是不把他当做别人的附庸，就是尊重这个人独立的人格，承认他的存在和价值。

第四章
借助圈子,用人脉来改变命运

　　无论是社会学家、人际关系学家还是心理学家,大家都一致认为,一个人的人脉圈,往往代表了他的社会地位和活动能量,也代表了他的发展和成功的内在潜能,甚至代表了他的命运。大部分的成功人士也说,要想获得成功,只是做好三件事:做人,做事,做人脉,特别是以做人脉为重。

人脉是一种取之不尽的资源

我们经常会听见筹集捐款的人常说："有钱的出钱，没钱的出力。"这句话就表达了一个事实：人就是资源。

人脉对于我们来说似乎成为了事业的关键，因为谁也无法看见自己的将来如何。工作上的帮助，生活中的支持，团队之间的合作，有的时候就连最简单的吃饭也好像能够似有似无地看出一个人的人脉情况。

下面这样的场景我们也许经常见到。

有一天，小王说："我最近想买一部手机，可是我也不太懂要买什么样的，现在市面上的品种太多了，真不知选哪一个。"于是这个时候小李说："我有一个朋友对手机市场很熟悉，要不要我帮你介绍认识？他也许能帮你一下。"小王听后回答："那真是太好了！这样我就不愁买不到合适的手机了。"

相信大家一定遇到过类似的情况，我们往往会发现周围的朋友有些是同乡或同事，有些则是直接通过别人介绍而变成朋友的。这样一来，当我们结识的朋友越来越多的时候，我们的人际网就会变得越来越牢固。

俗话说:"朋友越多,路子越宽,事情就容易成功。"好人脉就是成功者最重要的条件,也是基础。

自以为是的人会认为只要自己为人正直,一切按照规定做事,哪里会需要他人帮忙?这种观点在理论上也许并没有错,但是从实践的角度来看,经常会让自己处于被动地位。换句话说,自以为是的人往往人缘比较差,做事缺乏协调性,因为他们与人交往得太少了,对于这种与世隔绝的态度,别人又凭什么要伸出援手呢?

"生时靠人带,死时靠人拜",这句话真的是对人脉重要性的精确描述。中国人重人情往来,如果能用情感性的人情保持人际关系,那么必然会让自己有丰富的资源。

不仅个人是这样,企业的经营也是如此:广泛的人脉网络信息是企业的珍贵宝藏。对业务公司来说,业务员需要每天去开发和创造新的客户,也需要由人脉网的支持来完成。当销售过程中遇到阻碍的时候,我们自然是可以寻找到恰当的人请求协助,这就是不能忽略的人脉网。

美国总统罗斯福曾说过:"成功首先要懂得怎样搞好人际关系。"成功学大师卡耐基告诉我们:"知识在事业中的作用只占15%,而其余的85%则在于人脉。"所以说,不管你从事什么职业,一定要学会经营人脉网。

因此,想要成功就一定要组建一个适于成功的关系网,其中要包括家庭关系和工作关系。人们常说"家和万事兴",你与爱人的关系如何,其实也就从一方面决定了你与孩子的关系,而家庭关系给我们与他人的关系定下了一个基础。同样，我们与同事、领导及下属的关系是我们事业成败的重要原因。

　　要想赢得成功，就要从现在开始经营人脉，因为广泛的人脉能够带来真正的成功。

要重视人脉关系

　　做人千万不要过于迷信自己，我们想想，靠一个人的力量能做的事情有多少呢？如今早就不是靠一个人单枪匹马闯天下的时代了，一个人再有能耐，其力量也是非常渺小的，就好像一滴水融入大海。所以，只有善于借助别人的力量，才能够顺风行船，才能最快地到达目的地。

　　有了人脉才好办事，有了人脉才好说话。不会建立人脉关系、不善于建立人脉关系的人是不可能把事情顺顺当当办成的，更不要说一些难办的事情了。有了熟人，才会有人情，有了人情，才好说话，才有人脉关系，才能把别人难办的事顺利办成。

　　有一位赵小姐给小李打来电话。说起来，她们两个人也算是"同学"，当时在一个学校学习，只不过是专业不同，在大二的时候，她们两个人在一个社团里认识了，毕业之后就很少联系。

当小李接到"叙旧"的电话，自然是非常意外。聊了一会儿，赵小姐便说出了自己的情况。原来，她刚刚开始做公关，现在手头正好有个项目，这个项目的市场竞争很激烈，而且时间很紧，也非常重要。所以她希望找点关系，帮她介绍一个报社的记者。在问过大致情况之后，小李便推荐了合适的人给她，这个记者跟小李的关系还不错，而且还比较容易说话。

在要到记者电话的时候，她千恩万谢。一个多月之后，赵小姐又给小李打来电话，说要请她吃饭，因为她介绍的那个记者帮了赵小姐的大忙，她把这次的公关活动做得非常成功。

曾经有一项非常有趣的研究表明，任何人和世界上的任何一个人之间的距离只隔着六个人，不管你和对方现在身处何方，哪个国家，哪个人种，何种肤色。当然，前提是这六个人之间肯定是有着理所当然的关系。

其实根本不用惊讶，构成这个奇妙六人链中的第二个人，很可能就是你认识的人，也许是你的父母，也许是你的同学，更有可能是公司里的同事。换句话说，其实人脉是很好建立的。

有了人脉关系，还有一个关键问题，就是你是不是会用。

曾经有一位刚刚毕业的留学生，他想要回国发展，但是找了很多份工作都没有成功。

有一天，他在网上看到一家跨国公司正好在中国区招聘一个职位，他感觉这个职位非常适合自己，但是到这个岗位应聘的人又太多，他感觉仅仅依靠自己单枪匹马的竞争，成功的概率太小。

就在这个时候，他想起在他们学校的校友录上曾看到过一位学长也是这个公司的高层，于是他连夜写了一封电子邮件，发给了这位从未谋面的学长，他在这封信中强调自己和他是校友，是某某大学的应届毕业生，很希望学长能给他一次机会，并且还附上了一份自己的个人简历。

其实他当时也没有抱多大的希望，因为心想即使那位学长回信，可能也无非是一些客套话，不可能马上就给他答复。

没想到在一天之后，那位学长竟然给他回复了，回复的结果出乎他的意料，让他有点不敢相信，信里说让他在第二天直接参加面试，并且还为他附上了一些成功的祝福语。最后，他成功取得了这个职位，显然，这是因为他和学长的校友关系起了关键作用。

找对人脉能给你带来意想不到的机遇

机遇对于我们每个人来说都非常重要，好的机遇可以改变一个人的命运，可以让一个人在一夜之间发生巨变。

曾经有人说："一个人70%的机遇来自人脉。"这句话显然是非常有道理的，人脉活动为我们提供了这样的平台：既让你认识了别人，也让别人认识了你。当彼此之间能够了解的时候，那么人脉活动就可能得到回报，你也将收获友谊和机遇。

事实一再证明，机遇的多少与其交际能力和交际活动范围的大小几乎是成正比的。所以，我们应该把交际能力与捕捉机遇的能力进行联系，充分发挥自己的交际能力，不断扩大交际圈，从而发现和抓住难得的发展机遇，最后拥抱成功。

也许有人会说"是金子总会发光"，但是现在我们不得不说身边那些空有大志、满腹经纶，最后却郁郁不得志的人实在太多了，就好像俗语中所说："千里马常有，而伯乐不常有。"同样的道理，有才华的人并不少见，可是真正能够使才华得到发挥的人很少。

敏切是鲁迅美术学院的一位高才生，在她读书的时候，她的老师们都认为她日后一定会有大出息。

可是几年之后，她的同学有的在外企做了艺术总监，有的在大型服装厂做了设计师，都取得了不错的成绩。而敏切依然是一个不入流的画师，要靠着画一幅画几百元的收入维持生计。原来敏切的性格高傲，在企业中谋职常常和别人搞不好关系。

所以，她索性一心作画，期待哪天遇上伯乐能够提携她。可是，她的伯乐始终没有出现，她的作品自认为不错，但是在市场上卖不到好价钱。这一切都是因为敏切不懂得经营人脉，只等着机遇像天上掉馅饼一样出现，怎么可能不失败呢？

机遇对事业的影响是非常大的，而一个人的机遇大部分都是来源于人脉。

当你的手中有资金想要做一个稳妥的投资时，你第一个想到的肯定是朋友。因为朋友是你所了解的，也是你所信任的；当你的生意需要找人合作的时候，你想到的同样是朋友，因为与朋友合作就降低了风险，成功的概率也将更高。

那些拥有广泛人脉资源的人，从来都不会愁没有机遇。因为他的朋友会主动为他送上机遇；当他有了好的机遇之后，也会和朋友一起分享。这样，才能使彼此的事业共同进步。

命运并不完全掌握在自己的手中

人脉就好像是人体的血脉，对我们的生命产生重大的作用。血脉确保我们的生命能够存活，而人脉则为我们的成功奠定了基础。

我们也可以用树脉来解释人脉，一棵小树苗要想长成参天大树，一定要有丰富的根脉吸收大地的营养，同时还要有发达的枝脉和叶脉吸收自然的空气、阳光和雨露。可见，一个人想要成功，就需要由人脉给他提供所需要的东西。

在英国，有一个名叫弗莱明的农夫。有一次，他在田地里干活，忽然听到附近沼泽里传来了呼救声。于是，弗莱明放下手中的农具向沼泽地奔去。结果他看见一个小孩正在泥潭中拼命挣扎，眼看就有生命危险了。弗莱明不顾自己的安危，救起了那个小孩。

第二天，弗莱明在劳作的田边停了一辆豪华马车，一位英国贵族优雅地从车里走出来，自我介绍说是被救小孩的父亲，现在特地来向弗莱明道谢。弗莱明连忙说这件事并没有什么。

贵族说："我要给你一笔钱，作为你救我孩子的报答。"弗莱明回答说："我不想要报答，因为这是我应该做的，我不能为这样的事接受酬金。"

就在这个时候，农夫的儿子走出家门口。"这个孩子是你的儿子吗？"贵族问道，"我有一个建议，让我把你的儿子带走吧，我为他提供最好的教育。如果他像你一样，一定能成为了不起的人。"弗莱明最后同意了贵族的建议。

时间过得很快，弗莱明的儿子后来考上了医学院，顺利地毕业了，并且成为了当时享誉世界的医生。又过了几年，贵族的儿子得了肺炎，最后经过注射青霉素得以康复。

那个英国贵族的名字是伦道夫·丘吉尔，他的儿子便是在二战期间领导英国人民战胜纳粹德国的英国首相温斯顿·丘吉尔，而弗莱明的儿子就是青霉素的发明者亚历山大·弗莱明。

正是因为这样一次偶然的邂逅，才改变了弗莱明儿子的命运，也改变了贵族父子的命运，可见人脉对于我们每个人的生活是多么重要。

特别是在这个信息高度发达的时代，我们每个人都拥有无限的信息，这样就等于有了无限发展的可能性。信息来源于你的情报站，情报站就是你的人脉网。人脉有多广，那么你的情报就有多广，这就是你事业走向成功的基础。

我们谁都希望在自己的生命当中有一个生命中的"贵人"，能够在危难之际或者是关键时刻帮助我们一把，打开我们的机遇天窗，让我们拨云见日，豁然开朗，顺利进入成功的境界。因为贵人可以大大减少我们获得成功的时间，能够提高我们成功的速度，使我们能够站在巨人的肩膀上。

人们总是在不断开发自己的人脉网络，区别在于成功的人总是比其他人具有更庞大和更有力量的人脉网络。

自从 2008 年 7 月全球爆发金融危机以来，有很多企业都倒闭了，甚至有些大型企业也未能幸免。但是，也有一部分企业没有被摧垮，甚至还有了喜人的进展。

那么到底是什么力量让这些企业生存下来了呢？曾经有关人士走访了一些生存状况良好的企业的负责人。他们发现这些企业幸免于难除了具备一些常规的实力因素之外，那么还有一个最关键的因素就是"人脉"。

在这些企业当中，除了生存应该具备的硬实力之外，人脉的重要性在企业中占据了很大的份额。当他们面临倒闭的危机，可以通过一条人脉得到一笔订单，从而顺利渡过一场难关。

而当相关人士询问企业负责人凭什么找到和维护这些人脉关系时，企业负责人则表示，现代社会竞争激烈而残酷，单靠传统方式寻找人脉已经远远不够了，如果能够熟练地运用电子商务或者是互联网的话，那么通常能够带来更丰富的人脉资源。

所以我们应该记住，时时刻刻都要想着维护人脉资源，因为它们对我们的生活有着非常重大的影响，我们的前途掌握在它们的手里。

寻找你生命中的伯乐

人就是最大的资源，不管做任何事情，都会有人的因素。被称为"赚钱之神"的邱永汉说："失去财产，仍有从头再做生意的机会，失去朋友，就没有第二次机会了。"

世界潜能大师陈安之在《超级成功学》一书中也说："成功靠别人而不是靠自己。"这个观点我们猛然听起来似乎有点不可思议，但是仔细琢磨之后会发现，其实是非常有道理的。

人脉其实就是财脉，有时人脉可以为我们提供生命中的伯乐，从而更有利于我们获得成功。我们每个人的一生当中都会接触到很多的朋友，也许在某一天他们会为你提供帮助。

哈维·麦凯大学毕业之后就开始找工作。刚开始，他还以为可以找到一份非常好的工作，可是结果却徒劳无功。当时哈维·麦凯的父亲是一位记者，他认识一些政商两界的重要人物。

这些重要人物之中有一位叫查理·沃德的人，他就是布朗比格罗公司的董事长，而他的公司也是全世界最大的月历卡片制造公司。

就在四年前，沃德因为涉及一些税务问题而进了监狱，哈维·麦凯的父亲觉得沃德的逃税案肯定存在问题，结果他就跑到监狱采访了沃德，并且写了一些公正的报道。

沃德看了那些文章之后，感动得几乎落泪。在公正的报道和强大的舆论压力之下，沃德很快就出狱了。在出狱后，沃德问哈维·麦凯的父亲有没有儿子。

"有一个大学生。"哈维·麦凯的父亲说。

"他什么时候毕业？"沃德问。

"他刚毕业，正在找工作的时候。"

"噢，那么刚好，如果他愿意的话，叫他来找我吧。"沃德说。

结果哈维·麦凯在第二天便打了电话到沃德的办公室去，在刚开始的时候，秘书不让他见，直到后来他提到他父亲的名字三次之后，才跟沃德有了一个通话的机会。

沃德在当时就对他说："你明天上午10点钟直接到我办公室面谈吧！"第二天，哈维·麦凯如约而至。

这场招聘在轻松愉快的气氛中进行，沃德兴致勃勃地聊着哈维·麦凯的父亲。整个过程非常轻松愉快。在聊了一段时间后，他说："我想派你到我们的对街——'品园信封公司'

工作。"

哈维·麦凯站在铺着地毯、装饰得阔阔气气的办公室内，想到自己在一个月之前还在街上闲晃的情景，心里美滋滋的，因为，他现在顷刻间有了一份工作，而且还是到"金矿"（薪水和福利最好的单位）上班，也正是这份工作，使哈维·麦凯的事业得到了更好的发展。

在过了 42 年以后，哈维·麦凯成为了全美国最著名的信封公司——麦凯信封公司——的老板。

哈维·麦凯在品园信封公司工作的时候，努力学习并且熟悉了经营信封业的流程，懂得了操作的模式，学会了推销的技巧，积累了大量的人脉资源。

直到后来，哈维·麦凯还经常说："感谢沃德，是他给了我的工作，是他创造了我的事业。"而这也成为了哈维·麦凯成就事业的一个关键点。

在人的一生当中，你所认识的每一个人都有可能成为你生命中的伯乐，成为你事业中重要的顾客。让我们做个有心人，只要你善于开发，每一个人都会成为你的金矿；只要你善于发现，随时随地你都有可能发现你生命中的伯乐！

成功的因素中，人脉占据了四分之三

在好莱坞流行着这样一句话："一个人能否成功，不在于你知道什么，而在于你认识谁。"也正如这句话所言，现如今是一个人脉的年代，谁都不可能成为像鲁滨逊那样的孤胆英雄，不管你现在是商界的领军人物，还是普通的公司职员，我们没有一个人可以逃脱人脉的影响。

美国著名成功学大师戴尔·卡耐基经过长期研究得出结论说："专业知识在一个人成功中的作用只占到了15%，而剩下的85%都是取决于人际关系。"

所以，无论你从事什么职业，一定要先学会处理人际关系，这样就等于在成功的道路上走了85%的路程，在个人幸福的路上走了99%的路程了。也难怪美国石油大王洛克菲勒说："我愿意付出比天底下得到其他本领更大的代价，来获取与人相处的本领。"

埃德沃·波克被称为美国杂志界的一个奇才，但是我们谁又能想象他当初所经历的困苦和磨难呢？

在6岁的时候，埃德沃·波克随着家人移民到了美国，在美国的贫民窟长大，一生当中仅仅上过 6 年学。埃德沃·波克在上学期间，仍然要每天工作赚钱。15 岁的时候，他放弃了学业，辍学到一家公司工作。即使这样，他也并没有放弃学习，依旧每天坚持自学。而且最重要的是，埃德沃·波克非常有远见，很早就懂得经营人际关系。

紧接着，埃德沃·波克做出了一个让任何人都意想不到的举动，他直接写信给很多大人物，询问他们的童年情况及往事，例如，他写信问当时的总统候选人哥菲德将军，是否真的在非洲工作过；他又写信给格兰特将军，问他一些关于南北战争的事情。

那时候的埃德沃·波克才刚 14 岁，他就是用这种方法结识了美国当时最有名望的诗人、哲学家、作家、大商贾、军政要员等。而那些名人也都非常乐意接见这位可爱的充满好奇心的波兰小难民。

就这样，埃德沃·波克因此获得了多位名人的接见，后来，他决定利用这些非同寻常的关系改变自己的命运。

埃德沃·波克开始努力学习写作的技巧，然后向上流社会毛遂自荐，替他们写传记。不久之后，他便收到了像雪片一样的订单，他需要雇用 6 个助手帮助他写简历，这个时候的埃德沃·波克还不到 20 岁。

不久，这个传奇性的年轻人被《家庭妇女杂志》邀请作为编辑，并且一做就是 30 年，当然，埃德沃·波克也将这份杂志办成了全美最畅销的著名妇女刊物。

埃德沃·波克的成功有多少是源自于他的专业知识呢？他只读过 6 年书。事实证明，正是一些特殊的人际关系成就了埃德沃·波克，让他从一个一无所有的小难民，取得了一般人难以想象的成就。

人脉的重要性，可以说是不言而喻了。假如我们把人际关系比作大脑的神经网络，那么其中的每个人就是一个神经元：突起得越多，与周围的联系就越多，也就会让自己比别人更加灵敏，从而更加容易走向成功。

特别是在 21 世纪的今天，无论是保险、传媒、广告，还是金融、科技、证券等各个领域，人脉竞争力都已经成为了一个日渐重要的课题。专业知识固然是非常重要的，但是人脉也同样重要。甚至从某种意义上说，人际关系是一个人通往财富、荣誉、成功之路的门票，只有拥有了这张门票，你的专业知识才可以更好地发挥作用。

由此可见，要想成功，就一定要营造一个利于成功的人际关系，一个没有良好人际关系的人，即使他再有知识，再有技能，也是很难得到施展的空间。

每个人事业的发展都离不开人际关系

一个人事业的成功，80%在于他的人际关系，20%在于他的专业技能。开创事业就是如此，经营事业也是如此。微软公司的前总裁比尔·盖茨曾说过："如果有人夺走了我的一切资金和技术，我也能在两年的时间内再建立起一个微软。"

比尔·盖茨这句话说明了什么呢？正是说明了支撑他软件帝国的条件不是资金和技术，而是人脉网。

有的人认为比尔·盖茨的电脑智慧足以让他支撑起整个微软公司，其实不然。他在开创微软的时候确实借助自己的专业技能多一些，但是在微软创办之后，他的一切事务都是交给别人打理的。

比尔·盖茨用人的技术当然是非常高明的，他十分善于处理人际关系，他的员工都对他非常忠心，几乎没有人背叛他。所以说，靠着牢固而有效的人脉网，比尔·盖茨最后成就了微软的辉煌。

我们想想，连电脑软件这样专业性强的行业都需要靠人际关系去维系，那么其他的行业更是如此了。

　　人际关系就好像是一张大网，笼盖着社会上的方方面面。只有你能够织好这样一张网，那么你的事业就会四通八达。

　　成功人士的特征是什么呢？就是智慧的做人方式和强大的人际关系。如果一个人失去了人际关系的支持，那么即使他富可敌国，依然免不了失败的下场。

　　我们大家都知道，秦始皇嬴政开创了中国封建帝国的纪元，在世界的帝王排名上，他名列第三名。可是他的丰功伟绩仅仅持续了15年，秦朝的统治就被西汉所取代。

　　在历史上秦朝这么短命，跟秦始皇的残酷统治、不得人心有着直接关系。历史证明凡是失去民心的政权最终都免不了灭亡的下场，当时秦朝的暴政是历史上罕见的。

　　在秦始皇统治时期，对于罪犯的刑罚是非常严厉和残忍的。即便是犯了一点小罪也要被处以砍手、斩脚、挖去双眼等刑罚。

　　甚至在当时，为了维护国家的统治，秦始皇还发起了焚书坑儒的运动，许多儒士被活埋，社会处在一片血雨腥风之中，战乱频起。

　　后来刘邦在起义中赢得了民心，终于一举打败秦朝的统治，从此汉朝开始了400多年的统治。

　　可见，连皇帝这样的人物在失去和谐人际关系的情况下都要灭亡，更何况我们这些平凡的人呢？所以，要想维持事业的发展，要想在事业上不断创造新的辉煌，就一定要努力维系好人际关系。有了稳固的人际关系，那么一切成功自然就水到渠成了。

第五章
挖掘圈子,人脉才是真正的财富

　　不知道你是否相信人脉能够扭转你的财富命运,在如今信息化的时代里,一切都在迅速地运转着,畅通的人脉能帮助你节省更多的时间和精力。只要你懂得运用人脉,那么你就能找到慧眼识英才的伯乐,有了伯乐的帮助,你自然会畅通无阻地实现财富梦想。

人脉可以带来财脉

　　古往今来，任何人都希望自己财源广进、事业有成，除了自身应该拥有真才实学之外，还必须具有一定的人脉关系。

　　社会就好像是一张网，我们每个人只不过是其中的一个结，你和越多的结建立了有效的联系，那么你就越能够四通八达，而这张网就是我们通往成功彼岸的捷径。不然的话，你就只是这么一个结，即使这个结再大，终究于事无补。

　　1970 年，25 岁的美国小伙子特普曼来到了丹佛市，在第二大道的一套小公寓里开始了他的创业生涯。

　　刚刚来到丹佛，特普曼就徒步走遍了这个城市的每一个角落，他了解、评估每一块好的房地产的价值，计划在这个城市发展他的房地产事业。为此，特普曼也经常去看一些土地和楼盘，就好像自己已经是这些土地的主人。

　　由于初来乍到，人们根本就不认识他。因此，特普曼必须计划好为事业的每一个步骤，而他现在要做的第一件事就是尽快加入该市的"快乐俱乐部"，去结识那些出入该俱乐部的社会名流。

可是对于特普曼这样一个无名小辈来说，要想进这样高档的俱乐部，实在是非常不容易，可是特普曼最后还是决心去大胆尝试一番。

特普曼第一次打电话给"快乐俱乐部"，刚说完自己的姓名，随着一声斥责电话就被对方挂了。但是特普曼仍不死心，又打了两次，结果仍遭到对方的嘲弄和拒绝。

"这样坚持下去，肯定还是毫无结果。"特普曼望着电话机喃喃自语，突然，他的心中出现一计，这一次他又拿起了电话，而且这次他声称将有东西给俱乐部的董事长。对方以为他的来头不小，连忙将董事长的电话号码和姓名告诉了他。

特普曼得意地笑了，他立即打电话给"快乐俱乐部"董事长，告诉他想加入俱乐部的要求。董事长听完之后没有明确表态，却让特普曼来陪他喝酒聊天，特普曼当然是满口答应了。

通过喝酒聊天，特普曼逐渐与这位董事长建立起来了良好的关系。就在几个月之后，特普曼在董事长的特殊关照下，最终如愿以偿，成为了"快乐俱乐部"中的一员。

在此后的日子里，特普曼在俱乐部中又结识了许多志趣相投的成功者，建立了良好的关系网。

到了1972年，丹佛市的房地产业陷入萧条，大量的坏消息让这座城市的房地产开发商们严重受挫，丹佛人也都开始为这个城市的命运担心。

可是在特普曼看来，丹佛城的困境对于他来说无疑是天赐良机，从前那些对他来说是可望而不可即的好地皮，现在却可以以较低的价格任意挑选收购了。

也就是在这个时候，特普曼从朋友那里得到一个消息：丹佛市中央铁路公司委托维克多·米尔莉出售西岸河滨50号、40号废弃的铁路站场。

特普曼凭着自己敏锐的眼光和经验判断：房地产萧条肯定只是暂时性的，赚大钱的好机会现在已经到来了。所以，特普曼立即把自己所拥有的几个小公司合并起来，改称为"特普曼集团"，这样让他更具有实力。

第二天一早，特普曼便打电话给相关部门，表示愿意买下这些铁路站场。

风度翩翩、年轻精干的特普曼给当时的负责人留下极好的印象。他们很快就达成了协议：特普曼集团以200万美元的价格购买了西岸河滨的那两块地皮。

不久，房地产升温，特普曼手中的两块地皮涨到了700万美元，而特普曼见价格可观，便将地皮脱手了。

经过许多人的帮助以及自己的努力，特普曼终于挖到了来到丹佛市的第一桶金——500万美元，可以说这是他创业开始的第一笔大买卖，也是他第一次独立做成的房地产生意。从此以后，他开始了在美国辉煌的经商生涯。

人脉就是一种无形的资产，而且是一笔潜在的财富。没有丰富的人脉关系，我们真的是寸步难行。

马克思曾经说："人的本质就是社会关系的总和。"你的人脉资源越丰富，那么你的能量自然就越大。别人办不了的事情，很可能你一个电话就非常完美地解决了；反之，你费了九牛二虎之力都解决不了的问题，也许别人一声招呼就轻轻松松地搞定了。创建有效的、丰富的人脉资源是成功的不二法门。

人脉是通往财富和成功的门票

人脉是我们每个人都不能忽视的一笔潜在财富。没有丰富的人脉关系，我们无论做什么事都会举步维艰。

换句话说，你的人脉关系越丰富，那么你的力量也就越大。创建有效的、丰富的人脉关系是你通往成功的捷径。

虽然我们总是说金子在任何地方都是会发光的，但是前提是有人能够看见金子发出来的光芒。我们在生活中经常会遇到这样的人，他们不仅拥有很高的学历，而且工作能力也非常不错，但是他们就是不能够得志，甚至还会成为别人背后调侃的对象。

可能你会觉得他们太不幸运了，太命苦了，千里马没有遇到伯乐。但是，这完全是一种不积极的想法。

美国老牌影星寇克·道格拉斯在年轻的时候生活非常贫穷、落魄潦倒，当时几乎没有一个人认为他以后能够有所作为，特别是许多知名大导演，根本就不看好他，更别说他会成为明星了。

但是有一回，寇克·道格拉斯搭火车的时候，由于无聊，与旁边的一位女士攀谈起来，没想到就是这一聊，聊出了他人生的转折点。没过几天，寇克·道格拉斯就被邀请到制片厂报到。原来，这位女士是一位知名的制片人。

这个故事正说明了：即使寇克·道格拉斯真的是一匹千里马，但是如果没有遇到伯乐，那么他的美梦也是无法成真的。

查尔斯·华特尔就职于纽约市的一家大银行，有一次他奉命写一篇关于某一公司机密的报告。而查尔斯·华特尔知道有一个人拥有他非常需要的资料。于是，查尔斯·华特尔准备见这个人。这个人是一家大型工业公司的董事长，当查尔斯·华特尔被迎进董事长的办公室的时候，一个年轻的妇人从门边探头出来，告诉董事长，她这天没有什么邮票可给他。

他在为自己12岁的儿子搜集邮票，董事长对查尔斯·华特尔解释。

查尔斯·华特尔开门见山地说明他的来意之后开始提出问题。而董事长的回答总是非常含糊、模棱两可。无论查尔斯·华特尔怎样试探都没有效果。

结果这次见面的时间非常短，事实上也没有取得实质性的进展。

后来，查尔斯·华特尔想起了那位董事长秘书说的话——邮票，12岁的儿子……于是查尔斯·华特尔想起了他所在的国外部门正在搜集邮票的事——搜集来自世界各地的信件上的邮票。

在第二天早上，查尔斯·华特尔再一次去找他，传话进去，说他有一些邮票要送给他的孩子。

当查尔斯·华特尔再次见到这位董事长的时候，这位董事长满脸带着笑意，非常客气。之后，这位董事长和他花了一个小时谈论邮票，然后他又花了一个多小时，把他知道的资料全都告诉了查尔斯·华特尔。

其实事情就是这样，当你无法与关键人物搭上关系的时候，事情常常是非常难以取得进展的，可是一旦你与关键人物建立了联系，事情就好办多了。

每个人都是你的潜在金矿

也许很多人都有过这样的感慨：成就一番事业为什么这么困难呢？这说的并不是假话，成功的道路本就充满荆棘和坎坷，要想顺利到达成功的彼岸，仅仅凭借一个人的财力和智力，这真的不是一件容易的事情。但是，如果我们能够找到几个可以帮助你实现梦想的朋友，那么成功也许就会变得不那么困难，甚至会变得轻而易举。

放眼天下的成功人士，他们在奋斗的过程中，可能都得到过朋友的支持，许多人也正是因为得到了友人的支持，才渡过了人生中最艰难的时期，缩短了创业时间，走向了辉煌。同时，我们也看到许多事业在刚起步阶段的人，正是因为没有得到友人的帮助，受窘于一时，结果辛辛苦苦建立起来的事业就这样毁于一旦了。

香港有一个非常有名的实业家叫李景全，他就是一个得友人相助而成功的典型例子。

李景全不到18岁便辍学开始了给人打工的生涯。第一份工作是在一家电子公司当电子零件的推销员，表面上说是推销，实际上就是一个送货员。李景全在这里干了一年，接触了很多电脑行业里的名人，其中就包括曾文忠。

也正是在工作期间，李景全逐渐对电脑行业产生了兴趣，想自己创业，于是年仅18岁的李景全拿出2万元积蓄和别人开了一家工厂，专门替电脑商装嵌电脑界面板。

当时由于经验不足，再加上两个合伙人的重视不够，李景全最终不得不与合伙人分道扬镳。之后，他给了合伙人2万元的退股钱，一个人承包了这家工厂。

此时的公司已经欠债20多万元，但是李景全并没有被打倒，而是以积极的态度面对。他找来一些同学帮忙，在短短一个月的时间里，他公司每月的营业额达到50万元，半年后他便把所有的债务都还清了，从此以后，公司的业绩却一直平平，直到遇到伯乐曾文忠。

曾文忠在当时已经是香港有名的电脑商。1985年，他的公司有意扩展业务。他马上想到了以前认识的李景全。

曾文忠认为李景全年轻有朝气，与其合作可以放心。而当时李景全正想着企业如何才能有所突破，于是双方签下合作协议，成为了合作伙伴。

有了曾文忠的支持，李景全的公司业绩可谓是蒸蒸日上。他的工厂最终成为了香港生产小型电脑板的著名厂家之一。

李景全的成功应归功于伯乐曾文忠的大力帮助。试想，如果李景全没有遇到他，那么，即使李景全能够成功，也不可能那么快。

俗话说："顺风行船易，逆水驾舟难。"凡是一个有经验的老水手，在大海中航行的时候，都非常善于借助风向快速前进。在人生的旅途中，我们能够借助伯乐的力量也就相当于顺风行船，能取得事半功倍的效果。

朋友多了，财路也就多了

每个人都有一座看不见，但是一直等着你去挖掘的金矿，丰富的人脉网络就是你的这座金矿。你从中多发掘一个朋友，就等于为自己多开辟了一条财路。只要你善于开发，那么每一个人都会成为你的金矿。

多一个朋友，必定可以为你多带来一个财富的机会，所以千万不要忽视和放弃建立良好人脉的大好机会。因为你所认识的每一个人都有可能成为你生命当中的伯乐，更有可能成为你事业当中重要的支撑。

很久以前，每当遇到同学聚会、朋友结婚之类的活动，唐蒙都会积极地参加，但是现在唐蒙因为长期派驻外地而很少参加这样的活动了。

可是这一次一个同事的婚礼弄得大张旗鼓，虽然唐蒙和这位结婚的同事只是泛泛之交，但是想借机见见以前关系较好的同事，于是唐蒙还是参加了，毕竟用有限的礼金换来和老同事老朋友的一聚也是件高兴的事情。

当唐蒙来到了婚礼现场，有一点点失望，好几个答应要来的老同事并没有出现。但是在宴席上还是碰到一个刚回国的前同事，他正在找工作。而那个时候唐蒙的公司正在招人，于是唐蒙说帮同事留意一下职位。

之后，这位同事顺利通过面试，又成为了唐蒙的同事。没想到这位以前的同事潜能很大，两年后竟成为了他所在部门的主管。唐蒙因为他的推荐，竟也被公司提拔为人力资源的主管。

人脉越宽，路子越宽；朋友越多，成功的机会自然也就越多。从古至今，这已经被无数的经验和教训所验证。

一个优秀的人，往往能够影响他身边的人，能接受他们，让自己与他们的关系变得更好。好的人脉就是成就大事者最重要的因素，也是我们挖掘人生金矿的必经之路。

你的朋友影响你的一生

人这一辈子可以没有钱，可以没有权，甚至可以失去生活的物质来源，但是不能没有朋友。所以，当我们身旁的人，在人生道路上遇到艰难的时候，请伸出你的手来，把你的温暖、关怀送给他们，他们也将因此而充满笑迎风雪的勇气和力量。

著名的通用汽车公司的科学家查尔斯·科特林说："成功的90%是由协调的人际关系所带来的，只有10%才是技术的突破改进所带来的。每一个人在学校就应学习的最重要的一节课便是如何与人处好关系。"

古语说："人生得一知己足矣。"人是不能失去友情的。

在意大利，有一个名叫皮斯阿司的年轻人无意中触犯了法律，最后国王宣布他被判绞刑，在法定的日子里将被处死。

皮斯阿司却是一个孝子，在临死前，他恳求能够和远在千里之外的母亲见上最后一面，以表达自己对母亲的歉意，因为他死后就不能够为母亲养老送终了。最后，他把这一要求告知了国王。

国王也被他的诚孝所感动，同意让皮斯阿司回家与母亲相见，但是有一个条件，皮斯阿司必须找到一个能够替他来坐牢的人，不然的话皮斯阿司的这一愿望只能是镜中花、水中月。

这是一个看起来很简单，可是却几乎不可能实现的条件。因为有谁肯冒着被杀头的危险来替别人坐牢呢，这岂不是自寻死路吗？但是在茫茫人海当中，就有一个不怕死、真心愿意替朋友坐牢的，这个人就是皮斯阿司的朋友——达蒙。

在达蒙住进牢房之后，皮斯阿司就回家与母亲诀别。所有人都在静静地看着事态的发展。日子如水，皮斯阿司却是一去不复返了。

眼看行刑的日子马上到了，皮斯阿司仍然没有回来的迹象。一时间，人们开始议论纷纷，都说达蒙上了皮斯阿司的当。

行刑这一天是个雨天，当达蒙被押赴刑场的时候，围观的人很多。其中有同情他的遭遇的，也有嘲笑他的愚蠢的。

可是在刑车上的达蒙不但面无惧色，而且洋溢着慷慨赴死的豪情。这个时候追魂炮被点燃了，绞索已经挂在了达蒙的脖子上。当时一些胆小的人早就被吓得紧闭双眼，他们在内心深处为达蒙深深地惋惜，并且更加痛恨那个"出卖朋友"的皮斯阿司。可是就在这千钧一发之际，淋漓的风雨中，皮斯阿司飞奔而来，他高喊着："我回来了！我回来了！"

这就是真正的朋友，在危难时能够舍生相救，给予我们无私帮助。

其实，友谊是人们在失败时候的缓和剂，是压抑时的发泄口，也是蒙难时候的庇护所，更是狂热时的清醒剂。英国伟大的哲学家培根说过一句非常深刻的话："缺乏真正的朋友乃是一种地地道道的、非常可悲的孤独。如果没有真正的朋友，世界只不过是一片荒野。"

而那些真挚热心的朋友们，总是能够细心地关注我们每一个兴趣爱好，无时无刻不在为我们服务，他们会抓住每一个机会赞扬我们的优点，默默地支持我们。甚至在我们不在的场合，他们也会毫不犹豫地代表和维护我们的利益，在听到有可能伤害我们的流言飞语或无耻谎言的时候，他们总会果断地予以制止和反驳。

他们有的时候也会努力地扭转他人对我们的消极印象，给我们一个公正的评价，并想尽办法消除由于某些误解，或者是由于我们在某些场合恶劣的第一印象而造成的偏见。

如果没有朋友来为我们带来顾客、客户和生意，如果没有他们始终如一、尽己所能地为我们开辟道路和提供方便，那么我们中的许多人可能都会在发展上陷入困顿。

如果你正想在某一个行业或者某一领域大展宏图，那么，你所拥有的一大批忠诚的朋友将一定给予你强有力的支持，他们将会给你带来客户和顾客。

在漫漫的人生路上，真挚热诚的朋友总是能够推动着我们前进，或者是在关键的时刻助我们一臂之力。

在平时与人交往的时候，如果你处处都能表现出友爱与和善的态度，性情温和、容易相处，宽容别人的错误，乐于帮助别人，习惯肯定别人而不是总取笑别人的缺点，能够在合适的时候表现一下幽默，并且对自己的事情负责任，不给别人带来麻烦。那么，你将是一个很容易得到朋友的人。

成功的人都会依靠朋友

想要通过合作取得成功，人脉是一项非常重要的资源。成功学专家拿破仑·希尔曾经对一些成功人士做过专门的调查。结果发现，大家认为的杰出人物，他们的核心能力并不是他们的专业优势。相反地，出色的人际交往策略才是他们成功的关键。

美伦矿业公司是一家美国跨国公司和加拿大的一家采矿公司合资成立的跨国集团。当约翰·贝勒刚刚接管合资公司经理职位的时候，公司正处于非常困难的时期。

加拿大采矿公司的内部丑闻不断，并且正面临着一场非常严重的经济危机，以至于差点由银行出面接管。

而合作的另一方则刚刚更换了最高主管，当时的加拿大采矿公司曾经向欧洲的公司许诺，将在欧洲进行长期投资。可是现在因为自己资金吃紧，居然做出了出尔反尔的事情。结果合资公司陷入了骑虎难下的困境。此时双方都不愿意让步，合资项目只能停滞不前，合资双方的关系严重恶化。

这些问题对于新上任的合资公司经理约翰来说真是一场空前的考验和挑战。在约翰之前的经理莱恩，是一个营销专家，并且在石油的销售方面拥有非常专业的技能，但是由于他本身缺乏对人际关系的理解和驾驭，整天只知道做生意，根本应付不了这些突然的变化。

约翰是一个英国人，生于南非，长在印度，他曾经做过美洲一家大型跨国公司的财务经理，拥有让人羡慕的资历。

在上任之前，约翰是这家跨国联盟公司在亚洲的负责人。他的背景和经历使得他在公司的财务方面站稳了脚跟。约翰曾经在东亚某个政局不稳、市场多变的小国家，从事市场营销工作。这不仅使他的能力得以充分的施展，而且为他提供了非常宝贵的锻炼才能和积累经验的机会。

他对大量不同的文化和知识都能够兼收并蓄，而且还去很多地方游历过，掌握了多种语言。这些经历让约翰在人际关系的沟通方面具备了超强的技能。正是由于约翰能够在非常广泛的层面上与对方的公司、自己的上级公司和合资公司沟通和交流，很快就获得了对方的信任，从而可以参与更广的战略规划和具体执行。

约翰经常主动接触别人，积极结识其他公司的职员。在合资公司内，他与组织的上级、同级、下属都保持良好的人际关系，所以约翰在公司内外都建立起来了良好的人际关系网。凭借良好的人际关系网，约翰虽然刚刚上任，但是很快获取了自己需要的信息和帮助。

其实，在这个国际合资企业当中，约翰具备最重要的素质之一就是超常的应变能力：他能够了解在不同的文化背景中的社交礼仪，能够对所接收到的信息做出正确的反应，从而拉近彼此之间的文化差距。

所以，约翰才具备了游刃有余的交流功夫。比如，他的谈话风格会随着谈话伙伴的背景而变化。

每当约翰说起西班牙或拉丁文化的时候，他就会感情奔放并活灵活现，双眼闪闪发亮，面部表情非常丰富。可是，当他和日本同行交流的时候，就会很少直视对方，话语中多了几分娴静，表现得相当沉默。

正是由于超人的沟通力，约翰构建起自己的人脉，从而带领合资公司走出了困境，并日渐兴旺。

我们通过上面的例子可以看出，人脉对于成功者来说是一项很重要的资源。朋友的一句话、一个提醒、一个信息、一个关心甚至是一个小小的帮助，也许都是在不经意中，却能够为我们提供难得的机遇和灵感。

每一个伟大的成功者背后都会有另外的成功者，每一个成功者都会精心编织一个成功的人脉。

第六章
看穿圈子，人际交往中的注意事项

人际交往也是有禁区的，所以我们交往的时候应该技巧高明一些。圆润是一种处世哲学，虽然不高深，但是并非人人皆可悟其精义，得其要领。因为圆润交往，不但需要阅历与智慧，而且要有一颗宽容之心。人际交往中，你能够左右逢源、游刃有余，才能够不断扩大自己的人脉圈，结交更多志同道合的朋友。

人际交往时也需 "难得糊涂"

　　处世不惊，必凌于事情之上；达观权变，当安守于糊涂之中。老子曾经告诫我们说："君子盛德，容貌若愚。"那些有卓越才能的人，外表上看起来可能与愚鲁笨拙的普通人毫无差别。

　　谦虚和谨慎，有的人觉得这是消极被动的生活态度。实际上，如果一个人能够谦虚诚恳地对待别人，那么自然会赢得别人的好感；如果能够谨言慎行，那么更会赢得人们的尊重。

　　大智若愚是做人智慧中最高最玄妙的境界，如果有谁能做到"大智若愚"，那么则表明他可以在人生舞台上立于不败之地了。

　　"水至清则无鱼，人至察则无徒。"可见我们做人总是要模糊一些，不能对任何事情都过于较真，要留出一线，该为别人留余地时就为别人留余地，如果过分计较个人的得失，过分计较别人的过错，根本不给别人留半点人情，这等于是在堵自己日后的退路。

　　所以，处世的智慧就是：得糊涂时且糊涂。正所谓：大智若愚。真诚、朴实、随遇而安，这些是大智慧；钻营、取巧、哗众取宠，只是小聪明。

拥有小聪明的人一生投机、忙碌，最终可能还会被聪明所误；但是大智若愚的人平凡、淡泊，可是一生平安。茫茫人海，错综复杂，很多非原则的事情我们没有必要过分纠缠计较，如果事事都较真，只能给自己多设一条路障，多加一道关卡。

在三国时期，有两场睿智精彩的装糊涂表演：一个是曹操、刘备煮酒论英雄的时候，刘备佯装糊涂得以脱身；二是在曹、马争权的时候，司马懿佯病巧装糊涂反杀曹爽。所以，后人总结道："惺惺常不足，蒙蒙作公卿。"

诗人苏东坡倒是聪明过人，但是仕途坎坷，于是他赋诗慨叹："人人都说聪明好，我被聪明误一生。但愿生儿愚且鲁，无灾无难到公卿。"

到了清代的时候，郑板桥更是为人们归纳出了"难得糊涂"这句至理名言，他进一步概括道："聪明难，糊涂亦难，由聪明转入糊涂更难。放一着，退一步，当下心安，非图后来福报也。"

明朝吕坤在《呻吟语》中也说："精明也要十分，只须藏在浑厚里。古今得祸，精明十居其九，未有浑厚而得祸者。今之人唯恐不精明，乃所以为愚也。"其实精明的人要十分精明才算是一个精明到家的人，把精明隐含在浑厚中应用，这才是一种智慧，如果聪明过头就成为了愚蠢。

古往今来许多人遭受灾祸，在这些人当中，精明人十个里便占了九个，还没有听说因为淳朴厚道而遭遇灾祸的。而如今的人，却只怕自己不够聪明，这其实是一种浅薄愚笨的意识。

装装糊涂，会让人觉得你无能，让人忽略你的存在，但在必要的时候不动声色，先发制人，让对方稀里糊涂失败了，这才是兵家的计谋，也是处世的方略。

大智若愚，从一个角度来说，我们也可以理解为小事愚、大事明，这是人的一种极高修养与境界。

所谓愚，就是有意糊涂。该糊涂的时候，我们就不要顾忌自己的面子、自己的学识、自己的地位、自己的权势，一定要糊涂。而该聪明、清醒的时候，则一定要聪明。由聪明而转糊涂，由糊涂而转聪明，做到左右逢源，不为烦恼所扰，不为人事所累，这样你才能够有一个幸福、快乐、成功的人生。

晋朝宰相谢安的弟弟谢万，曾经和蔡系争夺一个座位，蔡系居然把谢万从位子上推了下去。可是谢万不慌不忙地站起来，拍了拍衣服，坐回座位上，慢悠悠地说："你差点儿弄伤我的脸。"蔡系说："本来就没有考虑你的脸。"但是后来这两个人谁都没有把这件事挂在心上，人们都称赞他们的心境，其实这真是一般人很难做到的。

我们不应该对什么事都斤斤计较，该糊涂的时候就糊涂，该聪明的时候就聪明。真正聪明的人，往往聪明得让人不以为其聪明，也就是说，有的时候看起来"愚笨"、"糊涂"的人，事实上却是最聪明的人。

"三分话"决定你的人际关系

俗话说："良言一句三冬暖，恶语伤人六月寒。"所以，我们要想在人际交往当中应对自如，就应该懂得说话的艺术。人们常说，"逢人只说三分话"，这话说的也并不无道理。

我们身边有些人总有这样的毛病：肚子里面藏不住心事，有一点点喜怒哀乐的事情就总想找个人谈谈；甚至还有的人不分时间、对象、场合，见什么人都把心事往外掏。

当然，如果按照常理来说，这也没有什么不对的，好的东西就应该与人分享，坏的东西当然不能够让它沉积在心里，要说是可以的，但是千万不能"随便"说，因为每个倾诉对象是不一样的，说心里话的时候一定要该说则说，不该说千万不要说。

除此之外，我们也常说："病从口入，祸从口出。"可能你认为大丈夫就应该光明磊落：事无不可对人言，何必只说三分话呢？但是精明只说三分话的人，也许你就一定会认为他是很狡猾、不诚实的。

其实，说话主要是需要看对方是什么人，对方不是可以尽言的人，那么你只能够说三分真话。孔子曰"不得其人言，谓之失言"，对方如果不是交情很深的人，你也畅所欲言，为了吐一时之快，那么你想想对方的反应如何呢？假如你说的话是属于你自己的事情，那么对方愿意听你的吗？

如果彼此之间的关系浅薄，你与之深谈，那么就会显出你没有修养；你不是他的诤友，忠言逆耳，反而又会显出你的冒昧。所以，逢人只说三分话，不是不可说，而是没有必要说，或者说是不应该说，与"事无不可对人言"并无冲突。

有一天，狮子把羊叫过来问自己是否很臭，羊说："是的。"狮子就立刻把羊的脑袋咬掉了。狮子又把狼叫来问同样的问题，狼说："不臭。"狮子又把狼咬成了碎块。最后，狮子把狐狸叫来了，狐狸说："我感冒得很厉害，闻不出来。"结果狐狸活了下来。

这则故事并没有丝毫让人学狡猾的意思，因为有时你只说三分话，正好体现出你的智慧。

做保密工作的人我们自然不必说；做人事工作的人，掌握着工作单位所有人的档案，某某何时得升迁，何时受处分，自然了如指掌，但是绝不能够随便透露，如果口风不严，就可能授人以柄，陷入麻烦；而做银行业务的人，业务的大概情形，或者可以对人提及，对于存款人的姓名，你是肯定不能够对人提及的，这是银行人员的服务道德。如果依次类推，只说三分话还能够举出很多的例子。

其实有的时候我们想想，糊涂真是一种大智慧、大哲学，更是一种幸福。但是这也有个前提，你必须是理智、聪明的人，你必须清楚装糊涂是大智慧。

把复杂的事情想简单了，这是傻；而把清楚的事想糊涂，这也不聪明。聪明的人在交谈的时候，总是会把局势扭转到对自己有利的一方。

说说一些无关紧要的心事给周围人听的同时，也能够多听听别人的心事，别人就会因你多听而多说，他说得越多，你知道的就越多！

而在有时候，你少说，不但可以引导对方多说，还可以避免流露自己的内心秘密，一切的一切都在你的掌握之中。

经常点头，这并不是要你做个没有主见的应声虫，而是避免成为别人眼里不合时宜的人。也就是说，在听别人说话的时候多点头，表示你在专注与附和，如果有不同意见，也要先点头之后再提出，然后顺着对方的思路说出自己的观点，这样对方才会更容易接受你，会很佩服你的做人风格。

糊涂的哲学一直都在教我们学走路，走稳路，走长久的路，教我们不把自己的秘密轻易告诉给对方，不要亲手为自己埋下一颗"炸弹"。

批评别人要注意分寸

俗话说"人非圣贤孰能无过",但是当别人有"过"的时候，如何指出来，这也是一门学问。当我们在批评别人的时候，一定要讲究策略，千万不能因为一时冲动就口无遮拦，有的时候，我们需要对别人进行真诚的赞美，当然有时也需要善意的批评。

如果你的手下有一个非常喜欢迟到的员工，那么作为上司的你应该如何处理这件事情呢？如果你对这个喜欢迟到的员工进行严厉地批评："你怎么天天迟到，公司不光是你一个人；公司不是菜市场，你想什么时候来就可以什么时候来；你总是无视公司的规定，你自己好好想想吧。"如果你这样做的话，可能会导致对方破罐子破摔，反而无法达到你批评他的目的。

其实，如果你能够换一种方式，就能够抓住员工的情感弱点，只要点到为止即可，"我想你也是老员工了，你也知道迟到是不对的，我相信如果你能够按时上班，可能会发现准时上班的乐趣。"当你这么说完之后，每一个员工都会愿意接受你的批评。

可见，当我们批评他人的时候，肯定会让对方产生反感，可是如果你能够巧妙地暗示对方的错误，那么就会受到别人的尊敬。所以说，最为聪明的批评方式就是在开始批评别人之前，要学会巧妙地使用语言，千万不可直言快语，这样会伤人又伤己。

美国最伟大的演说家、牧师亨利·华德比奇尔在1887年3月8日去世了。亨利·华德比奇尔的影响力非常大，甚至在当时被称为"改变世界的人"。

所以人们为了纪念他，决定举行一场演讲大会，当时莱曼·阿尔伯特受到了邀请，为那些因为亨利·华德比奇尔去世而伤心不已的人们做了一场精彩的演讲。

由于当时莱曼·阿尔伯特想让自己表现得更好，所以莱曼·阿尔伯特把自己的演讲稿改了一遍又一遍。当他觉得稿子改得差不多了，他决定把稿子先给一个好朋友看看，让他提出宝贵的意见。

结果莱曼·阿尔伯特的朋友看完之后觉得写得不太好，没有什么特色，和一般演讲稿相比并没有什么太大的创新，于是就想告诉莱曼·阿尔伯特。

假如莱曼·阿尔伯特的朋友不懂得讲话技巧，直言说道："莱曼·阿尔伯特，你这稿件也太糟糕了，这样说不行的，如果你真的把这样的稿子给大家听了，估计他们会睡着的。这个稿子看起来就是一本无聊的百科全书，你已经演讲了这么多年了，怎么还会把稿子写成这样呢？我真的不能理解你怎么想的。"

但是莱曼·阿尔伯特的这位朋友并没有这么直言，而是非常委婉地说道："莱曼·阿尔伯特，这篇演讲稿如果刊登在杂志上面肯定会是一篇非常好的文章。"

其实，聪明的莱曼·阿尔伯特一听就明白了朋友所说的意思，朋友虽然称赞了这篇演讲稿的出色之处，但是也非常巧妙地暗示了莱曼·阿尔伯特，如果把这篇稿子用在演讲上面可能不太合适，也不会收到好的效果。

为此，莱曼·阿尔伯特听完朋友的建议之后又开始重新整理稿件，直到后来他演讲再也不靠什么稿件了。

如果我们想要批评一个人，但是又不伤害对方的感情，甚至当你批评了对方之后能够让对方感激你，那么就请你委婉地说出批评的话吧。往往通过间接的方式提醒对方注意其所犯的一些错误，比我们直接的教训要好得多。

当然，话语也不要多说，如果一句两句就能够说明白，那么就不要多说，点到即可。批评别人的话最好不要超过三句，一些做思想工作的人，总是通过三言两语就会收到很好的效果，当然也不会忘记给对方留下余地。

适当的时候，学会保持沉默

在办公室里面有两种极端的人：一种是闷葫芦一样，埋头干自己的事情，完全不顾别人怎么看、怎么想、怎么说；还有一种人简直就是话题大王，每天都恨不得把自己知道的事情全部告诉同事们。闷葫芦也许我们不欢迎，但是话题大王又往往很难成为核心人物，所以最好的方式是在适当的时候保持沉默。

从古至今，任何一个聪明的职业人总是谨言慎行的，他们懂得什么时候该说，什么时候又应该保持沉默。因为他们相信沉默是金，而说出去的话自然是覆水难收的。在自己还不知道事情真相的时候，没有肯定论断的时候，假如胡说、乱说，只会增加别人对自己的不信任感。当然，即使什么都知道，还是要根据情势来判断什么该说、什么不该说，什么话能对谁说、不能对谁说，这个分寸都需要我们把握好。

在韩剧《大长今》当中，善良聪明的大长今一直为人们所称赞。宫廷斗争一直不休，看到大长今再一次回到宫中，崔尚宫当时忍不住惊讶与愤怒，并且还催促居心不良的内医郑允寿早日将其赶出宫去。

结果皇后娘娘流产之后的身体一直都没有好转，各位医女都面有难色，不知症结到底在何处。大长今虽然对于内医院第一医女阿烈的诊脉持有不同的意见，但是因为当时也没有找到原因，所以只能在心中存疑而没有明说。

不久之后，申主簿从信非那里得知大长今与阿烈的诊脉结果并不相同。大为惊讶的申主簿认为此事非同小可，连忙召开紧急会议并决定由阿烈跟大长今再对皇后进行把脉。

阿烈把出皇后娘娘的脉象是牢脉，而大长今这一次把出的是散脉，并因此肯定皇后娘娘肚中还有死胎，因为之前娘娘已经产出一个死胎，再加上皇宫从来也没有双胞胎的先例，因此这个结果惹得大家都多有怀疑。

不过最后，皇后在郑云白的汤药帮助下终于排出死胎，让大家对大长今的医术刮目相看。

在战国时期还发生了一件事情，楚庄王曾在他统治国家的三年内没有颁发一条法令。左司马问楚庄王："有一只大鸟停留在山丘上三年，这段时间里它不叫不飞，沉默无声，是什么原因呢？"

楚庄王笑着说道："这只鸟三年不展翅飞翔是因为在等待羽翼渐丰；它沉默无声，则是在观察、思考和准备。它虽然还没有飞，但是必定一飞冲天；它虽然没有鸣叫过，但一开口必定惊人。"

果然，在第四年，楚庄王听政，发布了九条法令，废除了十项不合理的措施，连斩五位贪官，选拔了六个进士。从此以后，国家昌盛，天下归服。

可见，楚庄王不做没有把握的事情，因为他知道意图越是早暴露，那么就越容易被他人扼杀，也难成大业，不如收敛慎言，待时机成熟再有所举动。为此后人也赞颂楚庄王"大器晚成，大音希声，不鸣则已，一鸣惊人"，想必也正是因为这个道理。

其实，当我们处理复杂问题的时候，沉默有时候是最好的方法，以不变应万变。既低调沉稳避免了张扬，又能够回避一些棘手的问题。

如果是为了怕惹祸上身一味地保持沉默，又会显得不够真诚，太没骨气。所以在适当的时候保持沉默，是需要我们能找到一个平衡点。

在人才的竞争中，如果能将沉默、踏实、谦逊、勤奋与自己的成绩结合起来，这样往往能够收获更多的青睐。

注意与他人交谈的语气

在与人沟通的过程当中，虽然语言、文字只占了7%的影响力，但这也是非常重要的。很多人说话总是习惯用一些术语，或是善用一些词汇。如果你能够听出对方的习惯语，并且时常使用这些口语，对方一定会感到非常亲切，听你说话就会觉得特别顺耳，对你也就产生了好感，最终也就达到了打通人脉的目的。

在与人沟通的过程中，特别是在提问的过程中，要诱发对方的兴趣，通过问题来引导对方产生正面的回馈。

例如，你没有经过预约就去某人家中谈论一些他不一定乐于接受的事，如你问他："你不会讨厌我这个不速之客吧？"这其实是很难让对方回答的，没准他心里正讨厌得要命，可是不便说出口而已。但是如果你这么问他："我想耽误你一点点时间，商量一件对你我都很重要的事，你不会拒绝吧？"对方也许就会回答说："当然不会。"

在与人交往的过程中，不应该只进行单向的信息传递与接收，而应该在消除距离障碍的基础上进行双向互动的交往和沟通，也就是我们大家熟知的"互动零距离"地进行沟通。这样不仅可以把自己的观点有效地传达给对方，也能够让双方的观点产生交集，从而达到共识，避免不必要的误会，这样才能够活出自我来，以自己独特的原则和方法与他人进行互动。

但是有一点我们必须注意，刚开始认识某个人的时候，我们双方的秘密，哪怕是无伤大雅的秘密，都应该暂时封锁起来。只有当两个人的交往进入一定的层次之后，我们才应该与朋友搬出自己的丑事，自嘲一番，可是在刚刚接触的时候，一定要扬善隐恶，避免交流"秘密"。

在交往过程中，交谈是拉近彼此距离最为有效的方法，但是很多人因为担心自己不知道应该说什么，或者是担心自己说得是否合适而羞于开口。实际上，这种担心是完全没有必要的，80%的交际者对我们的印象都和我们所说的开场白没有关系。

所以，无论开场白的内容多么平淡，只要我们能够怀着一颗平常心，热情地把话说出来，注意到说话的语气，接下来随着交谈的深入进行，那么双方的距离自然会越拉越近。在这个过程当中，找到双方共同认同的东西也是非常关键的，找到共同话题，就会产生一见如故、相见恨晚的感觉，不然的话就只能四目相对、局促无言。

人贵有自知之明

一个人的能力必然有高有低，而自知之明的可贵之处就在于能够正确地认识和评价自己，看清自身的优势和劣势，这样的人才能够在人群中有立脚之地，才能够受到众人的尊重。

孔子有一个学生名叫漆雕开，有一次孔子让他去做官，而漆雕开则回答说："我对做官还是没有信心。"孔子听后非常高兴。

孔子高兴的是什么呢？是因为漆雕开开始能够认识自我了，有自知之明。所谓"自知之明"，就是指一个人对自己的能力的了解和透彻程度。

"人贵有自知之明"，一个"贵"字是何其难得。只有真正了解自己的人，才能够战胜自己、驾驭自己。

我们经常用"目不见睫"这个成语来比喻自知的不易。它的意思是说，一个人的双眼能够观天文，知地理，识社会，看人生，却独独对眼皮上的睫毛视而不见，可见自知之明的品质有多么难能可贵。

所谓"人外有人，天外有天"，我们每个人都应该正确地认识自己，做到扬长避短，这样才不至于盲目狂妄，我们只有充分发挥自己的才智，才能够自己不断进步。

有一只蚂蚁，它的力气比它的同伴要大很多，能够不费吹灰之力就背起两颗麦粒，简直可以算得上是一个大力士。不仅如此，它的勇气也是绝无仅有的，这只蚂蚁能够像老虎钳似的一口咬住比它大很多倍的虫子，有的时候还敢单枪匹马地同一只蜘蛛作战。

所以，在蚂蚁这个家族中，它有着很高的威望，声名远播，蚂蚁们谈论的话题几乎都离不开它，这只蚂蚁对自己也非常满意。

后来，一只小蚂蚁向它说道："你在我们的家族中这么能干，应该出去闯一闯，比如到城市里面去大显一下身手，那样你也许会获得更多的赞扬。"

结果这个蚂蚁被小蚂蚁说动了，有一天它便爬上了一辆干草车，被赶车人带到了城里。可是，到了那儿之后，满腔热血的蚂蚁却碰了一鼻子灰。

原来，它本来以为同伴会从四面八方赶过来看它的表演，可谁知道同伴们根本就没有理会它，甚至没有注意到它的存在。

于是蚂蚁又找来了一片大树叶，在树叶上机灵地翻筋斗，敏捷地跳跃，可是同伴们都好像有自己的事情要忙，根本没有谁去关注它。

它不禁怨道："城里的蚂蚁一定都非常糊涂，不然为什么我表现得这么优秀，却没有同伴给我应有的重视呢？如果你们到我们乡下的蚂蚁家族去，你们就会知道，我在那里是赫赫有名的。"

虽然这仅仅是一则寓言，但是十分贴切地说明了一个道理：人一定要有自知之明。相信这只蚂蚁在经历过这件事之后，一定会变得聪明一些了。

在我们的身边，像这只蚂蚁这样的人还真的不少，自以为名满天下洞晓一切，可是不知道自己原来只是一只可怜的井底之蛙。唯独具有自知之明的人，才能够认识到自身的劣势和局限，才不会迷失方向。

如果一个人对自己的评价太低，难免就会出现自卑心理，但是如果太高了则容易骄傲自大，而解决这个问题的最好办法就是人贵有自知之明。只有准确了解自己，才能实事求是、恰如其分地感知自我、完善自我，对自己了然于心，这样我们做起事情来才能够胸有成竹、事倍功半。

做人贵有自知之明，如果我们每个人都具备了自知之明，那么做起事情来就能够有的放矢，不至于盲目付出了，也就不会有如此大的贫富之差了。

拥有自知之明的人一定会在不断的自我认识过程中，逐渐走向成功。

吃亏一定要吃在明处

吃亏，会让你在朋友的眼中变得更加豁达和宽厚，会让你获得更深的友情，这自然也会让更多的朋友更加心甘情愿帮助你，为你办事。

但是吃亏也是需要讲究方式和技巧的，亏不能乱吃，有的人为了息事宁人，去吃亏，吃暗亏，结果自己成了"哑巴吃黄连，有苦难言"。

孙权就这样，为了得回荆州，假意让自己的妹妹嫁给刘备，结果最后在诸葛亮的巧妙安排下，孙权不仅赔了妹妹，又折了兵，荆州还是在人家的手中，这个亏显然吃得太不值得。

"吃亏是福"，吃亏的人并不希望自己的利益白白受到损失，而是希望用"吃亏"换来"福"。

当然，至于什么是"福"，我们每个人的见解可能会不一样。因此，用眼前的利益暂时受到损失去换取长远的利益，这才是真正意义上的"吃亏是福"。不然的话，就是吃傻亏。正因为如此，还有一句话叫"吃亏在明处才是福"，明明白白地吃亏，让关键人物知道你是主动地吃亏，他才会认同你的吃亏，甚至是感谢你的吃亏，你才能够换取他人的感谢。

在古时候，李郎、王郎和高郎同住在一个屋子里。有一天，高郎回家了，误拿了王郎的金子。结果王郎就怀疑是李郎拿走了，李郎赶忙向他谢罪道歉，并且拿了金子还给他。

等到后来，高郎回来之后，将金子还给王郎，并说明了事情的原委，王郎这个时候感觉非常惭愧。从此，这两人都将李郎视为厚道诚挚的朋友。

其实，吃亏并不是什么好事，但是吃亏之后的后果也并不一定就是坏事。李郎的举措，就让他获得了两个人忠贞的友情。

我们从另外一个角度来看，李郎的做法也是非常值得的，假如拿金子的高郎不还，王郎确认是李郎拿的，而李郎又还了他，时间一长，王郎就会忘记这件事，两个人还是朋友，最怕的是李郎与王郎为了拿金子的事情吵起来。因为我们应该明白，在金子没有还回来之前，越辩解才越糟糕，也许两人都会因此而反目成仇、友情告终。所以，有人说"吃亏是福"是非常有道理的。

朋友也需要你去"投资"

　　由于我们很容易受到传统观念的影响，人们在交往过程中更愿意谈人情，而忌讳谈功利。事实上，人与人之间的交往需求是存在多种层次的，粗略地可以分为两个基本层次：一个层次是以情感为定向的人际交往，比如说亲情、友情、爱情等；另一个层次就是以功利为定向的人际交往，也就是我们为实现某种功利目的而进行的交往。

　　现实中人们总是会自觉或是不自觉地将这两种需求交织在一起。有时候即使是功利目的的交往，也会让人彼此产生感情的沟通和反应；而有的时候虽然是情感领域的交往，也会带来彼此物质利益上的互相帮助和支持。

　　在人的各种交往当中，有的时候是为了满足物质需求，而有的时候则是为了满足精神上的需求。换句话说，人际交往的最基本动机就在于希望从交往对象那里得到自己需求的满足，当然，这种满足既有精神上的，也有物质上的。

　　所以，按照人际交往的互利原则，人们实际上采取的策略主要是：既要感情，也要功利。心理学家研究发现：社会交易或者分配社会资源主要有公平法则、均等法则、需求法则三种法则。

公平法则：认为每个人都应该按照其贡献比例的大小，获得相当的报酬。

均等法则：不管每个人客观贡献的大小，要求大家一律平等分摊利润及损失。

需求法则：认为利润、成果或者其他利益的分配应该满足接受者的合理需求，而不管他们个人的贡献大小。

以上三种法则除了公平法则之外，均等法则、需求法则都有可能发生有利于交易某一方的情形。

所以，交易双方的感情纽带是紧密还是松懈，就会影响到以何种法则来进行交易，进而最终导致交易成本的多少。显然，掺杂了情感关系的交易行为往往会比单纯的交易行为付出的少，而得到的多。

不管是感情交换还是功利交换，既然人际交往是互利的，是为了满足双方各自的需求，那么人际交往的延续就有了一个必要的条件：交往双方的需求和需求的满足必须是保持平衡的。不然的话，人际交往肯定就无法实现。

所以，我们不必一味追求所谓的"没有任何功利色彩的友情"，也没有必要轻率地抱怨别人没有"友情"。我们只需要坦率地承认：互利是人际交往的一个基本原则，既要感情又要功利是人际交往的一个常规策略，需求平衡、利益均等是人际交往的一个必要条件。

尊重对方，给足对方面子

　　鲁迅先生说："面子是中国精神的纲领。"面子到底是什么东西呢？说白了，面子就是尊严。

　　面子人人要，为了面子，小则翻脸，大则会闹出人命；如果你对面子问题比较冷淡，那么你必定是个不受欢迎的人；如果你只顾自己的面子，不顾他人的面子，那你必定有一天会吃暗亏。因此，我们在交往时，为自己争得面子的同时，别忘了给别人也留些尊严。

　　一个国家要面子，一个单位也要面子，一个老百姓同样也要面子，只是面子的"装饰"不同，要求不一样罢了。所以面子问题的确不能小看。

　　光劳利是纽约一家木材公司的推销员，他多年与那些冷酷无情的木材审察员打交道，常常发生口舌，虽然最后的结果往往是他赢，但公司总是赔钱。为此，他改变了策略，不再同别人发生口角。

　　有天早上他办公室的电话铃响了，一个人急躁不安地在电话里通知他说，光劳利给他的工厂运去的一车木材都不合格，他们已停止卸货，要求光劳利立即把货从他们的货场运回去。原来在木材卸下四分之一时，他们的木材审察员报告说这批木材低于标准50%，鉴于这种情况，他们拒绝接受木材。光劳利立刻动身向那家工厂赶去，一路上想着怎样才能最妥当地应付这种局面。通常，在这种情况下他一定会找来判别木材档次的标准规格据理力争，根据自己作了多年木材审察员的经验与知识，力图使对方相信这些木材达到了标准，错的是对方。然而这次他决定改变做法，打算用新近学会的"说话"原则去处理问题。光劳利赶到场地，看见对方的采购员和审察员一副不容商量的神态，摆开架势准备吵架。光劳利陪他们一起走到货车旁，询问他们是否可以继续卸货，这样光劳利可以看一下情况到底怎样。光劳利还让审察员像刚才那样把要退的木材堆在一边，把好的堆在另一边。看了一会儿光劳利就发现，对方审察得过分严格，判错了标准。因为这种木材是白松。审察员对硬木很内行，却不懂白松木。白松木恰好是光劳利的专长。不过光劳利一点也没有表示反对他的木材分类方式。光劳利一边观察，一边问了几个问题。光劳利提问时显得非常友好、合作，并告诉他们完全有权把不合格的木材挑出来。这样一来，审察员变得热情起来，他们之间的紧张气氛开始消除。渐渐地审察员整个态度变了，他终于承认自己对白松毫无经验，开始对每一块木料重新审察并虚心征求光劳利的看法。

结果是他们接受了全部木材，光劳利拿到了全价的支票。

一提到批评，人们马上就会联想到紧张的气氛和不愉快。

婉言却能使批评在轻松愉快中进行，光劳利通过给审察员面子，从而达到了自己的目的。

在当今社会，有不少年轻人常犯一种毛病：自以为有些见解，自以为有口才，逮到机会就大发宏论，把别人批评得一无是处，自己则大呼痛快。人活脸，树活皮，每个人都有自己的"脸皮"观念，这关系到个人的尊严和地位。面对失败者或是弱势群体，如果不想到这一点，因为自己优越就无情地剥掉别人的面子，伤害别人的自尊心，抹杀别人的感情。这种举动正是为自己的祸端铺路，总有一天会吃到相同的苦头。

所以，在社会上求生存，必须了解到这一点：保住别人的面子，也就是为自己赢得面子。

以和为贵，避免孤立

在我们的日常生活和工作中，往往会因为一些非原则问题、皮毛问题而争执得不亦乐乎，谁也不肯甘拜下风，最终闹个不欢而散。

争强好胜者未必掌握真理，而谦和的人，越是有理，越表现得谦和，得饶人处且饶人，这样才越能显示出一个人胸襟的坦荡、修养的深厚。

其实，待人宽厚是一种美德。事情关系不大，就应该得饶人处且饶人，得理也要让三分。

一位老大爷骑车被从路旁小胡同当中冲出来的一个骑车女孩子撞倒了。那个女孩子对着倒在马路上的老人大声埋怨："骑车也要看路啊！"当时路旁的行人看不惯了，纷纷指责那女孩子："别说是你把老大爷撞倒了，就是你没责任，你也该先扶起老大爷，看看撞着哪儿了没有？"最后说得那女孩子不得不过去扶起老大爷，小声说："对不起。"当那老人站起身来，活动了一下，说："疼点没事儿，你下回可得小心了！如果你没被撞伤就快走吧！"

站到高处，往开处想，这样你就能够理解别人，宽恕别人。与人相处，我们一定要有宽广的胸怀，容人的气量，学会宽容人、体谅人、饶恕人。遇到事情的时候，多替对方想想，每个人都能够后退一步，那么，天大的事，也会烟消云散、海阔天空的。

假如你做了对不起别人的事情，心里感到愧疚，那么赶紧向人家赔礼道歉，这是理所当然的。反过来，有人做了对不起你的事，人家赔礼道歉了，只要无大碍，就不要得理不饶人，甚至故意报复。真这样做，反而没了理，甚至会引发违法犯罪行为！

在生活中，有些人经常无理争三分，得理不让人，小肚鸡肠。

有一次，王某在上厕所的时候，由于着急不小心把尿液溅到了李某的身上，这本来是一件再小不过的事情了，而且王某当场也向李某道歉了，并主动提出愿意赔偿新裤子。但李某得理不饶人，借口被溅尿液沾了晦气，不仅让王某赔了新裤子，还找人来拳打脚踢王某，勒令王某"送两条中华香烟，晚上请兄弟们吃一餐"。李某把一件本该几句话就能解决的小事件，闹得越来越大，最后惊动了警方，被警方以"涉嫌寻衅滋事"的罪名拘留了。

本来可以很容易解决的一件小事，却被李某的强横闹得如此之大，这只能说是李某的心胸太狭隘，咎由自取。

在生活当中，有些人真理在握，不吭不响，得理也让三分，显得绰约柔顺，君子风度。得理不饶人，往往是生活中的不安定因素，处处制造不和谐音符。

有理，没理，饶人，不饶人，一般都在是非场上、论辩之中。假如是重大的或重要的是非问题，自然应当不失原则地论个青红皂白，甚至为追求真理而献身。

其实中华民族历来都被称为礼仪之邦，是具有几千年文明发展史的文明古国，人与人之间的交往更是非常注重礼让三分，一旦有非原则性的事故出现的时候，大多数的人们更愿意道个歉，说句"对不起"，大事化小，小事化了，化干戈为玉帛。

人与人交往不要苛求完美

当朋友费尽周折帮你办成一件事，如果你连一句谢谢都不说的话，那么朋友的失望心情可想而知。即便是由于某种原因，朋友没有帮你办成你所托的事情，也应该真诚地致谢。不然的话，你再有求于别人，就算力所能及，恐怕朋友也不愿意多此一举了。

赵旭毕业后一直在北京工作，有一年春节准备回老家过年，可是当时临时有工作任务，抽不出时间去订火车票。于是，他就托付好友张彬替他去买火车票，张彬也很义气，马上跑到火车站，排了半天队，结果票售完了。

赵旭知道张彬没有买到火车票后，不但连一句感谢的话也不说，而且脸色还非常不好看，认为张彬没有为自己尽力办此事，耽误了自己的行程。

后来，赵旭再有什么事求张彬，张彬总是找借口推脱，他们的关系也逐渐变淡了。

在我们求人办事的时候，许多人可能都会存在这样的心态：对方帮自己办事，如果办成了，那么理所当然要感谢对方；如果事情没有办成，就不用感谢对方，甚至会埋怨对方。

殊不知，对方没有帮你把事情办好，也许是由于某些客观原因，可是他已经尽自己的最大努力了。而你的谢谢则是对他付出的一种肯定，这样既能够维持原来的友谊，也为下一次的交往打下基础。

曾经有一位员工，一直在山区工作，由于山区的气候潮湿，患了风湿性关节炎，很痛苦，于是想申请调离。这位员工就将此事向总公司的一位朋友说了，这个朋友当时并没有什么实权，虽然费了不少力气，可是还是没有把事情办成。

这位员工并没有因此而怪罪他，反而想办法捎了一些山里的土特产给他表示谢意。

有一次去总公司办事，这位员工还特地请这位朋友吃了个饭，真诚地说："那件事情给你添了不少麻烦，谢谢你。"这位朋友也因为他的举动非常感动，一直都没有忘记他的事。后来，这个朋友当上了总经理，很快就把他调离了山区。

我们试想，如果当初这个员工是一个势利眼，见朋友没把事办成，就不感激他，那么他的调动肯定就此泡汤了。

可见，我们在交友办事的时候，不要太苛求完美，你的朋友不是法力无边的神仙，怎么能够保证你所求之事一定能办成呢？事情虽然没办成，但对方也付出了辛苦和劳动。如果你连一句谢谢都没有，那么就等于由此终止了你们之间的关系，从此他必将不会再帮你办事。

天下没有免费的午餐

作为一个职业人，我们每个人都有着自己的职业梦想。梦想着自己能够站在领奖台上接受鲜花和掌声，甚至还会有巨额的奖金、出国旅游机票、香车别墅；梦想着有一天老板或上司突然把自己叫到办公室，拍着自己的肩膀说："小伙子，你这段时间的业绩确实不错，为咱们公司作出了许多突出的贡献，我们考虑，让你担任你部门的经理，怎么样？"也梦想着有一天能够成为高级金领，跟随着老板"南征北战"，屡建奇功。

现在就让我们回过神儿来，看一看自己：我们制订了实现梦想的切实可行的计划了吗？我们持之以恒地采取了坚决的行动了吗？我们是不是理想的巨人，行动的矮子呢？

在数百年前，有一位非常聪明的老国王召集了很多聪明的臣子，交代了一个任务："我要你们编一本《各时代智慧录》，好激励子孙后代创造财富挣大钱。"

这些聪明人在领到老国王的命令之后，工作了很长一段时间，最后完成了一本12卷的巨作。

当老国王看完之后说："各位先生，我确信这是各时代的智慧结晶。但是，它实在是太厚了，我怕人们不会去读完它。你们把它浓缩一下吧！"结果这些聪明人又经过长期的努力工作，几经删减之后，完成了一卷书。

可是老国王还是认为太长了，于是又命令他们继续浓缩。这些聪明的人把一本书最后浓缩为一章，然后又浓缩为一页，后来浓缩成为了一段，最后则浓缩成一句。

当老国王看到这句话的时候，就显得非常得意，说道："各位先生，这真是各时代的智慧结晶，并且各地的人一旦知道这个道理，那么我们现在担心的大部分问题就可以解决了。"

这句千锤百炼的话就是："天下没有免费的午餐。"

如今，不少人都梦想着有一个"睡觉睡到自然醒，数钱数到手抽筋"的职业和工作，可是，这样的机会简直就像天上掉馅饼，不可能变成现实。只有行动才能成功，只有付出才有回报。所以，我们必须以积极的心态对待自己的工作，这样才能够迎来春华秋实、硕果累累的成功。

独善其身，提高自我修养

从小长到大的朋友，这样的朋友不管他如今变成什么样子，你都很难从感情上拒绝他的；还有偶然情况下帮到你的朋友，无论任何时候,你都会记住这个朋友的恩情。

也有那种一见如故的朋友,你们好像已经认识了很多年一样,是一种心灵上不可缺少的知己。还有一些就是因为经常见面,熟悉了之后,自然成为了朋友。随着现代科学技术的发达,又出现了很多网络朋友。

其实,你仔细留意就会发现,除了从小长到大的朋友之外,我们在后来所结交的朋友,往往都是和我们水平相当的朋友。你越优秀,那么你身边的朋友也就越优秀。

很多人总是感叹自己没有遇到真正识货的伯乐,从不先好好检讨一下自己,看看自己是否是一个优秀的人才。如果你相信自己是人才,那么就要想方设法证明给你的朋友看,让他们也相信你。

曾凯的爸爸是一个公司的老总,曾凯大学毕业之后,就希望能够到爸爸的公司里面谋个职位。

曾凯的爸爸知道儿子把管理一家公司想得过于简单了,以曾凯的能力,别说管理一个部门,就是当个普通的员工可能都很难做好。于是曾凯的爸爸拒绝了儿子的请求,他告诉曾凯:"你是出去找工作,还是自己出去创业,这些都随便你,等你小有成就之后,我觉得满意了,才会考虑是否聘请你为公司的一员。"

曾凯刚开始对爸爸的做法有些抵触情绪。出去找工作之后,他才发现,自己连一个小客户都搞不定,更何况是要帮助爸爸管理那么大的一个公司呢?曾凯在认识到这一点之后,他开始精研业务，发愤图强。

三年后，曾凯非常自信地进入爸爸的公司，成为了一个小小的业务员。半年之后，他通过自己的实力，得到了业务经理的职位。

做父亲尚且如此，更何况是自己的朋友呢？你即使是一只雄鹰，那么也要先有飞翔的能力。如果你没有这个能力，就算把机会给你，又有什么用呢？

有的人抱着过一天是一天的态度，觉得有自己的朋友帮忙，自己能力差点也能够混个一官半职。的确，通过关系我们可以找到很好的职位，不死不活地过着温水煮青蛙的生活。但是这绝对不是一个成功者的生活。弄得不好，反而会因为你能力不济，造成不可挽回的损失。

第七章
美化圈子，依靠助力者为自己争光添彩

所谓助力者就是能帮助你成功之人。一个人的成功并不是完全掌握在自己手中的，在整个人生旅途过程中，有许多外在因素左右你的发展方向和进程，而助力者就是众多外在因素当中最为重要的一种。这些人能够为我们提供成功的助力和资源，能够在关键的时刻为我们指点迷津，给我们提供解决问题的方法，拨正人生的航向，为我们的人生带来希望和转机。

助力者是成功的一大筹码

一个人的成功并不是完全掌握在自己的手中。在整个人生旅途当中，有许多外因左右着你发展的方向和进程，所谓贵人正是成功所需的借助的推动力即助力。

所谓贵人也就是能够给我们提供成功的助力和资源，能够在关键时刻为我们指点迷津，讲解解决问题的方法，拨正人生的航向，为我们的人生带来希望和转机。

柴田和子正是依靠这些助力登上了日本"推销女神"的宝座；道格拉斯也是依靠这些助力的举荐一跃成为好莱坞的大牌明星；巴菲特更是依靠这些助力的指点成为世界股神；比尔·盖茨同样也是依靠这些助力的帮助也成为世界首富。

可见，外在有实力的助力能够帮助我们缩短成功的距离，迅速地到达成功的彼岸。

早在西汉初年，刘邦登基之后，立长子刘盈为太子，封次子如意为赵王。后来，见刘盈天性懦弱、才华平庸，可是次子如意却聪明过人、才学出众，于是刘邦有意废刘盈而立如意。

刘盈的母亲吕后听说这件事情之后非常着急，便遵照开国大臣张良的主意，聘请了"商山四皓"。

商山四皓，指的是秦末汉初（公元前200年左右）的东园公、角里先生、绮里季和夏黄公四位著名的学者。他们不愿意当官，长期隐居在商山，出山的时候都已经80多岁了，眉皓发白，故被称为"商山四皓"。

刘邦久闻四皓的大名，也曾经请他们出山为官，但是都遭到拒绝。可是，有一天，刘邦与太子一起饮宴，当他见太子背后有4位白发苍苍的老人，问过之后才知道是商山四皓。于是，商山四皓上前谢罪道："我们听说太子是一个仁人志士，又有孝心、礼贤下士，我们就一齐来做太子的宾客。"

刘邦本来就知道大家非常同情太子，而这一次又见到太子有4位大贤辅佐，于是消除了改立赵王如意为太子的念头。后来刘盈即位，这就是历史上的惠帝。

有的时候，做事情就好像赌博，筹码越高，胜算越大。在现实生活中，助力也是成事的筹码，能增加成功的概率。就好像故事里讲的那样，如果没有张良出的主意和"商山四皓"的帮忙，那么刘盈虽然也有可能维持太子的地位，但是希望已经十分渺茫。正是有了这些人的帮助，他才真正在太子的位子上坐稳，并顺顺当当地成了下一任皇帝。

在生活中，我们可能经常遇到这样的情况：为了做成某一件事情，自己已经是费尽心思、耗尽力量，无奈这个时候还是离成功相差一步。此时，如果有一双贵人的手伸出来把自己推一把，那么就很容易到达成功的彼岸；如果没有，就只能够在中途停下，望着胜利的曙光深深叹息。

人生的变幻无常，成败之间往往有很多种力量和因素在融合、抗衡。当你徘徊在成功边缘却无力前进的时候，就需要寻找能帮助自己可借助的助力是适时出手相助，尽而形成正面的力量和推动因素。有了他们，你才能够对成功有更大的把握。

助力者总是隐藏在你的人脉中

当身边有人帮助的时候，你的命运就会出现神奇的转变。即使是遇到困难，这些人也能够给你一一化解；如果你的事业非常顺利，这种助力则能够为你的成功锦上添花。

我们每个人都渴望生命中有人的相助，而且我们的进步也离不开其他人的帮助。当你询问那些成功人士的往事的时候，他一定能够为你说出一大堆帮助过他的人的名字来。在我们的生命中这种外部的辅助力量真的是无所不在的，他可能是你的亲人，也可能是你的朋友，还有可能是你的上司，甚至可能是一个萍水相逢的人。

斯密斯老人这么多年一直住在郊区的一所老年中心里，那里有几百个因为各种原因而不能住到家里的老人。

斯密斯老人有一个儿子,是做皮鞋推销员工作。他们家只有一个几十平方米的小房子,在儿子也有了自己的孩子之后,斯密斯老人就不得不从家里搬了出来。

在老年中心里,斯密斯老人认识了一个叫伊莱恩的女士。伊莱恩已经70多岁了,身边没有一个亲人,只有她一个人孤独地住在老年中心里。

由于斯密斯和伊莱恩女士很谈得来,为此他们的友谊随着岁月的流逝也正在一点点地加深。后来伊莱恩女士的健康由于年龄的问题不断受到影响,斯密斯则一直陪伴在她身边照顾她。即使是在自己的儿子过生日的时候,他也没有离开病重的伊莱恩。

后来,伊莱恩由于年事已高,还是没有抵挡住病魔,离开了这个世界。斯密斯老人怀着悲痛的心情埋葬了他的朋友。就在从墓地回到老年中心的路上,一位律师叫住了他,让他签署一份文件。原来伊莱恩女士有几十万美元的遗产没有人可以继承,而她把这些财产都给了斯密斯老人。

老人当时心中一阵感动,当他帮助朋友的时候,从来没有想到过获得报酬,但是现在他突然有了几十万美元的财产。

老人把这些财产交给他的儿子去打理,他的儿子用这笔钱开了一家小规模的汽车修理公司。最后,经过妥善的经营管理,他们的公司每年也会有几万美元的收入。很快他们就买了一个更大的房子,斯密斯老人也终于能够和他的家人在一起共享天伦之乐了。

就是这样一位普通的朋友，改变了斯密斯老人一家的命运，这样的故事确实让我们很多人羡慕。

有些人总是抱怨自己遇不到这样的机会，总是觉得自己的生活非常艰难。其实他们只是忽略了这些因素的存在而已。当我们需要做一件事，有人为我们提出了合理的建议，这个人就是可以帮助我们的人；当我们去外地出差的时候，得到了当地朋友的接待和帮助，那么这些人也是我们可以依靠的人。不是只有让我们生活能够改头换面的人才算得上是我们可信赖的人，只要对我们有所帮助的人其实都是我们外在的助力。

外在的助力其实就来自于我们平时所积累的人脉之中，但是这个人不一定非要是达官显贵，可能他仅仅是一个普通人，却能够在关键时刻给我们莫大的帮助。

在清朝万历年间，京城里有一家银楼的生意非常红火。掌柜的叫岳广才，是个好交朋友的人。每当有人求助于他的时候，只要是他能办到的事情都会尽力帮忙。所以，上至达官显贵，下至三教九流，岳广才结交了不少朋友。

在岳广才的朋友当中有一个人叫蒋玉平，是一个唱花旦的戏子。岳广才的夫人看见自己的丈夫和蒋玉平来往非常亲密，就劝谏丈夫不要和这个人过于亲密。因为在当时，戏子的社会地位是很低的，夫人怕丈夫和这样的人来往影响了自己的名声。可是岳广才反驳说："蒋玉平虽为戏子，但是为人仗义直爽，这样的人不可不交啊。"于是还是继续和蒋玉平来往。

就在几年之后，岳广才的银楼遭遇了一场不幸。原来衙门在他的店里搜出了一个皇宫里丢失的宝物。当时的岳广才根本就不知道这个宝物是皇宫所丢失的,只当是普通的玉器收买了过来,谁知道因此惹了大祸。因为这个案子牵涉到皇宫,所以官府惩办起来自然是非常严厉,毫不徇情,不但查封了银楼,还把岳广才抓到了大牢里。

岳广才的夫人眼看丈夫遭到这样的变故,心中更是焦急愁苦。但是后来又想到平日里丈夫有那么多朋友,应该能够帮着想个法子,于是就开始逐个向他的朋友求援。

可是因为大家都怕这个案子连累到自己,所以不敢插手。后来夫人无奈地回到家里,突然想起了丈夫以前的朋友蒋玉平,于是想反正现在也没有什么好的办法,死马当做活马医吧,就去求求看。谁知蒋玉平得知这件事之后一口答应下来,要夫人放心,他一定尽自己所能为朋友开脱。

蒋玉平虽然是戏子,却认识不少达官显贵和江湖义士,他通过几番周折,终于在一个朋友那里得知了本案的原凶是一个惯于偷窃皇宫内院的盗贼。

于是,蒋玉平把此人禀告给官府,经过几个月的搜寻终于把这个人缉拿归案,岳广才和相关人等也被平安释放了。

在岳广才患难的时候,他的显赫朋友帮不上忙,而一个普通的朋友却救了他的命,这件事虽然暴露出了世态的炎凉,但是也告诉我们这样一个信息:能够帮助自己的人不一定非是我们所认为的大人物,很可能仅仅是一个平凡的小人物,就能够在关键时刻扭转了我们的命运。

所以说，一个人要广交朋友，多个朋友多条路。只有当你的人脉资源足够多时，你才可以在事业的打拼中不断得到帮助，最终取得成功。

寻找成功合作的伙伴

在现实生活当中，很多人运用人脉关系获得了成功，这是因为他们具有获得成功的条件。如果我们除去环境、机遇和个人能力等因素，处理好人际关系，这则是不容忽视的环节。换句话说，谁能够把结交朋友与利用朋友这个问题处理得好，谁就可以更好地借助来自各方朋友的力量成就自己的一番事业。

有句话说得好："生意好做，伙计难找。"伙计不容易找，而一个运筹帷幄的朋友就更难求了，特别是寻找一位能够独当一面、协助自己成功的朋友更加困难。

美国著名的百货公司理查德·萨耶·卢贝克公司的创始人之一——理查德·萨耶就是依靠做小生意起家的。

他做梦也没有想到最后自己的生意能做得这么大。理查德·萨耶一生最大的长处，也可以说是他成功的最主要因素，就在于理查德·萨耶善于同朋友合作。

理查德·萨耶起初在明尼苏达州一条铁路上当运送货物的代理商。这种代理商有一个共同的烦恼,就是有的时候收货人嫌货不好,拒收送到的货物;如果再将货物带回,那么就会倒赔一笔运费。理查德·萨耶灵机一动,想出了一个新的办法——邮寄。这样不仅退货率大为降低,也为买主增加了便利。这种函购、邮寄的方式获得了意外的成功。

　　理查德·萨耶也明白,自己的生意必须扩大规模,否则,别人利用他创造的这种经营方法,很可能赶到他前面去。结果,他饱尝了"伙计难找"的滋味。挑选了将近五年,终于找到了一个叫卢贝克的人,他用两人姓氏为名的世界性的大企业命名——理查德·萨耶·卢贝克公司就这样诞生了。

　　从此以后,通过两人密切合作,公司第一年的营业额就比理查德·萨耶独自一人经营的时候增加将近10倍,达40万美元。而第二年的发展更快,这种发展速度不仅是二人始料未及,而且也让他俩明显地感到力不从心了。卢贝克说:"我们何不请一个有才能的人参加我们的生意?"

　　理查德·萨耶一直把当年发现卢贝克看成是一件幸运的事情,对他的这个建议由衷赞许:"好吧,我们为我们的生意找个经理人。"但是,为上百万元的生意找个经营人,实在比找伙计困难多了。不久,他们就有些泄气了,这种大将之才实在是难得的人才,本来就是很稀少的。即便真有这种人才,恐怕也早被别人拉走了。

　　后来,理查德·萨耶和卢贝克几次谋划之后,决定开阔视野，到一般的小商人中去寻找。而这也是因为大公司的经理一般不屑于经营他们的"杂货铺"，而在平凡的人物中选拔适当人才委以重任，他们一定会尽全力报效，不会像重金礼聘的知名人物，即便请来了，也只是抱着"帮帮忙"的心理。

终于有一天，一个经常来这里进货的人进入了他们的视线。那天，理查德·萨耶与卢贝克正好路过一家布店，只见到里面人群拥挤，争先恐后地在抢购。等他们走近一看，才知道这家布店的经营方式与别的大不相同。店门前贴着的大纸上写道："衣料已售完，明日有新货进来。"那些拥挤抢购的女人，唯恐明天就买不到了，所以在预先交钱。

伙计解释说，这种法国衣料原料不多，难以大量供应。理查德·萨耶知道这种布料进得不多，但是原因并不是因为缺少原料，而是因为销路不好没有办法持续进口。看到对女人心理如此巧妙的运用，以缺货来吊时髦女人的胃口，理查德·萨耶觉得这个布店的经营者的经营手法高人一筹，令人折服。

"虽然不知道他长的什么样，也不知他的年纪多少，但是我几乎可以肯定，这个人就是我们要找的人！"而且理查德·萨耶和卢贝克都是这样认为的。可是，当他俩与店主见面的时候，却大出意外，不禁面面相觑。原来他就是经常到他们店里进货的路华德。他们彼此已认识好几年，从没有深谈过，并且路华德也从来没有过什么特别的举动，所以，理查德·萨耶和卢贝克对他也就没有什么特殊的印象，直到这一次，他们把对方细细打量一番，才发觉他的目光中有一种说不出的神采飞扬，具有强大的吸引力。

寒暄之后，理查德·萨耶开门见山："我们想请你参加我们的生意，坦白地说，想请你去当总经理。"

当上总经理的路华德为报知遇之恩，天天废寝忘食地工作，果然取得了惊人的成就。理查德·萨耶·卢贝克公司声誉更是一天比一天好，十年时间里，营业额竟增加了600多倍。经过发展该公司已拥有30万员工，每年的售货额将近70亿美元。对于零售行业，这简直是个不可思议的天文数字。

理查德·萨耶就是这样借着朋友之力取得后来的成功，如果当年他不发现和借助人才，没有与卢贝克和路华德的合作，那么今天的他也许还做着小本生意赚些小钱。

社会上能干的人总是能够把事情圆满地解决。其实，这种人本身并不一定有什么出类拔萃的能力，也许还是一个极平凡的人，只不过他们善于团结一批人，能够为己所用罢了。所以，从广义上讲，无论是朋友，还是对手，都是可以借用他们的才能来成就自己事业的人。

想成功，先找 20 个成功的朋友

朋友就是我们每个人最大的财富。特别是对创业的人来说，一个人或者几个人的作用终究是有限的。多认识一些朋友，采纳多方面的意见，这才是作为一个成功老板必须具备的条件。

王琦想要在自己的附近开一个小超市，但是苦于没有经验，他一直不知道从何下手。在父亲知道了他的想法之后，就问他："你的朋友中有经营超市的吗?"王琦摇摇头。父亲说："那你现在要做的就是先去认识 20 个经营超市的朋友，有了这些朋友，你自然就有了开超市的条件。"

王琦听从父亲的建议，通过自己的人脉网结识了不少做超市生意的朋友。而这些朋友当中有的是自己经营一家小超市，也有的在大型连锁超市里做部门经理，还有的身兼数职，不但为别人打工，自己也有经营的生意。

王琦没事就总是和这些人一起聊天，出席各种活动的时候也和这些人多沟通。通过和他们的谈话，王琦了解到目前市场上超市经营的基本概况，在哪些地段比较容易吸引顾客，哪些商品更容易赚钱等。

除此之外，王琦还从他们那里得到了不少经营方面的教训。比如哪家超市因为价格订得过高而失去了很多客户；哪家超市因为没有合理分配进货的品种而最后导致货品的积压，资金周转困难。这些别人用惨痛的代价换来的教训，王琦就这样轻轻松松得到了。

没过多长时间，王琦对经营超市这个行业已经非常熟悉了，对各个环节也都有了一定的把握。后来，他租下了一个商铺，请朋友帮忙列出了一个进货单，并且又到相关部门办齐了手续，于是他的超市顺顺利利地开业了。

在经营的过程中，王琦也曾经遇到过一些困难，但是因为有同行朋友们的鼎力相助，他的超市渡过了各种难关，成为一个颇具规模的旺铺。

做老板需要的条件有很多，资金、技术、人脉等，而在这里面最关键的条件就是人脉。因为如果有了人脉，资金、技术都将不再是问题，你的人脉一定可以帮你解决一切问题。反之，如果你没有人脉，就算你有了充足的资金、到位的技术，到了最后还是会因为各种问题而导致企业困难重重的。

朱丹是一名药品推销员，在长期的工作当中，她觉得这是一个利润非常丰厚的行业。尽管她能够得到公司 30% 的提成，但是她仍然对自己的工作不满意，最后，她想自己做老板，这样，自己的收入就可以成倍地增长。

于是朱丹不顾亲友的劝阻，辞退了推销员的工作，自己做起了老板来。可是药品这一行并不像她想象得那么简单，在刚刚进货的时候她就遇到了很多困难。

以前他们公司的药品进价都非常低，因为她的老板和其他朋友在一起联合进货，因此就获得了极低的进价。但是朱丹不知道其中的实际情况，怎么也无法把价格降低，只好以较高的价格进了货。

结果在进货之后，朱丹又去联系医院和各大药房推销药物，可是这些单位都因为她的公司小而拒绝了她。而且，因为她的药品比同类产品价格高出一截，所以，几乎没有人订购她的药品。最后朱丹只好以赔本的价格把这些药品卖给了零售药房，然后解散了公司。

有些人在做生意的时候只是看到了市场的机遇和条件，却忘记了要构建一个牢固的人脉网络。在市场经济中，商机到处都有，只看到商机而忽略了人脉，我们每个人就会和朱丹的结局一样，只能以失败告终。

每个行业都有一定的规则，结交朋友才能够让你从容越过这些规则的障碍，得到丰厚的收获。

在一个稳定的行业当中，经营个体是相互分享机遇和经验的。你也只有加入了这样的集体，才能在一个行业中站稳脚跟，得到发展。所以，想做老板，就需要找到能够为自己提供资源和帮助的老板朋友，这样你的创业之路才可能顺利很多。

与助力者加深友情

能助自己成功的人就是能够为自己带来幸运的人，能够给自己提供帮助的人，能够给自己排除危险和危机的人。

在你的朋友圈当中，如果你是最成功的一个人，那么你就难以更加成功。因为与冠军在一起，自然就容易成为冠军；而与普通人混在一起，久而久之，你也就变得普通了。

与优秀的人和成功者进行交往，这显然是我们应该做的。而你的助力者其实就在这群人中间。我们一定要与这些人多打交道，并且与这些人加深友谊，甚至有时，你还需要一点点勇气。

美国有一位名叫阿瑟·华卡的农家少年，在杂志上读到了某些大实业家的故事，他想知道得更为详细一些，并希望能得到他们对后来者的忠告。

于是有一天，阿瑟·华卡跑到了纽约，也不管对方几点开始办公，早上七点就已经到达了亚斯达的事务所。

阿瑟·华卡立刻认出了面前那体格结实、长着一对浓眉的人就是他要找的人。高个子的亚斯达开始觉得阿瑟·华卡有点讨厌，但是一听少年问他，怎样才能赚得百万美元的时候，亚斯达的表情便柔和和微笑起来，最后两人竟谈了一个钟头。随后亚斯达还告诉了阿瑟·华卡该去访问的其他实业界名人。

阿瑟·华卡照着亚斯达的指示，遍访了一流的商人、总编辑及银行家。他开始仿效他们成功的做法。

又过了两年，这个20岁的青年已经成为了他当学徒的那家工厂的所有者。24岁时，他成为一家农业机械厂的总经理，不到五年的时间，他就如愿以偿地拥有百万美元的财富了。最后，这个来自乡村粗陋木屋的少年，终于成为银行董事会的一员。

在活跃于实业界的67年的时间里，阿瑟·华卡实践着他年轻时前往纽约学到的基本信条，也就是多与有益的人结交。

经常会见成功立业的前辈，能够转换一个人的机遇。要与伟大的朋友缔结友情，就好像第一次就想赚百万美元一样，是相当困难的事。这里面的原因并非在于伟人们的超群拔萃，而是你自己更容易忐忑不安。

年轻人之所以容易失败，就是因为不善于和前辈交际。第一次世界大战中法兰西的陆军元帅福煦曾说过："青年人至少要认识一位深谙世故的老年人，请他做顾问。"

而萨加烈也说了同样的话："如果要求我说一些对青年有益的话，那么，我就要求他们时常与比自己优秀的人一起行动。就学问而言或就人生而言，这是最有益的。学习正当地尊敬他人，这是人生最大的乐趣。"

不少人总是喜欢与比自己差的人交际，这的确很容易得到自慰，因为在与比自己差的人交际的时候，能够借此产生优越感。可是从不如自己的人身上，我们显然是学不到什么的。结交比自己优秀的朋友，这样才能够让我们变得更加成熟。我们可以从劣于我们的人中得到慰藉，但是我们也必须从比我们优秀的人那里获得帮助。

生命中如能得到别人的帮助，就会使你在成功道路上胜利前行。一切从困难到顺利的转变，都将伴随着助力者的出现而发生。凭借他人的帮助，我们的事业才会拨云见日、步步高升。

借成功人士的相助，是获得成功最简捷、最有效的途径。他们说到底还是我们自己找的，这需要我们自己去创造条件争取，千万不能一味等待机会送上门来。

不管你多么聪明，具备多么优越的条件，如果一直以来都没有人帮助你，或者是有人故意刁难你，那么，你是很难成为一名成功人士的。

我们每个人都盼望别人的帮扶，可是经常有人叹息自己的运气欠佳、命途多舛，一辈子碰不上一个这样的人。其实，这并不是因为你运气欠佳、命途多舛，而是由于你还没有敞开容纳他人的心灵之窗，没有与贵人加深友谊。

让助力者助你一臂之力

俗话说："背靠大树好乘凉。"如果你能够结识几个有分量的"实力性人物"，往往会改变你的一生。这样的人，也许就在你的身边，也许是在你刚刚结识到的朋友里面，最为重要的是要去发现、去寻找。一旦你遇到了这样一个人，而且和他建立起了深厚的友谊，那么你的生活和事业可能就会因为得到他的帮助变得顺利许多。

阿基米德说："给我一个支点，我可以撬起地球。"对于一个渴望办事成功的人来说，那个能帮助你的人就是那个支点，凭着他，我们就可以非常轻松地撬起沉重的人生，让所有的事情都变得顺利。从这个意义上讲，他们确实是帮助我们每个人在办事的路上走了一条捷径。

荷莉·艾美利亚出身寒微，在她16岁就辍学自谋生路，但是她有很强的进取心，小小年纪就立志要创办一家服装公司，而且不露声色地执行着自己心中的计划。

在18岁那年，荷莉·艾美利亚进入斯特拉根服装公司做业务员。这是一家著名的时装公司，荷莉·艾美利亚在这里学到了许多宝贵的东西,为自己开拓事业做好了准备。

后来,荷莉·艾美利亚同一个朋友合伙,用7500美元开办起一家服装公司。在她的悉心经营下,这家小公司的生意也是非常不错。可是荷莉·艾美利亚没有满足,她认为,老是做与别人一样的衣服是根本没有出路的。荷莉·艾美利亚想,只有设计出别人没有的新产品,这样才能够在服装业中出人头地,可是这就需要找一个优秀的设计师做自己的合伙人。

然而,这样的设计师到哪儿去找呢?有一天,荷莉·艾美利亚外出办事,发现一位少妇身上的蓝色时装十分新颖别致,竟然不知不觉地紧跟在她后面,当时少妇还以为她是心怀不轨的小偷,于是荷莉·艾美利亚连忙解释。少妇转怒为笑,并告诉她这套衣服是她丈夫戴维斯特设计的。

于是,荷莉·艾美利亚心里就有了聘请戴维斯特的念头。经过一番调查,她发现戴维斯特果然是一位非常有才能的人。他精于设计,曾经在三家服装公司工作过。他最近刚刚离开一家公司,听说原因就是他提出了一个很好的设计方案,可是不懂设计的老板不仅不予嘉许,反而蛮不讲理地把他训了一顿。结果戴维斯特就在一气之下辞职不干了。戴维斯特的遭遇让荷莉·艾美利亚找他做合伙人的信心更足了。

然而,当荷莉·艾美利亚登门拜访时,戴维斯特却是闭门不见,这让荷莉·艾美利亚感到非常难堪。可是荷莉·艾美利亚知道,一般有才华的人难免会意气用事,只有用诚心才能去感化他。所以她并不气馁,接二连三地走访戴维斯特的家,几次三番地要求接见。她这种求贤若渴的态度，最后终于感动了戴维斯特，接受了荷莉·艾美利亚的聘请。

戴维斯特果然身手不凡，他不仅设计出很多颇受欢迎的款式，而且也是第一个采用人造丝来做衣料的人。

由于服装造价低，而且是先别人一步，占尽风光，荷莉·艾美利亚的服装公司业务蒸蒸日上，在不到10年的时间里，就成为服装行业中的"一枝独秀"。

不用说，这里有非常大的功劳是归属于戴维斯特的，如果没有他的才华，那么荷莉·艾美利亚的事业是不会达到这样一个顶点。荷莉·艾美利亚正是因为认识到戴维斯特将成为自己事业上的助力者，所以才不遗余力地"拉拢"他，使其成为自己的合伙人，为自己找到了成就事业的捷径。

人生的成功固然要靠的能力与实力，但如果能够得到助力者相助，这样岂不是事半功倍。可以说，他们是我们生命中的开路先锋，更是事业上的导师，是办事顺利的使者。有他们相助，比起自己做任何努力都来得重要。因为，他们有成功的经验、成功的模式，能够让你在非常短的时间内，调整自己的方向，并迅速接近成功。

结交助力者，多多益善

让我们试想，如果早晨翻开报纸，发现上面有一个"今日运气"的栏目，如果栏目当中还有一句"今日将有贵人光临你身边……"之类的话，你觉得自己会相信吗？

人们可能会不禁发笑，认为在科学和通信技术高度发达的今天，已经没有人会相信这一套装神弄鬼的东西。

可是殊不知，"贵人光临"没准还真的会给某一个人或者是对某一个集团的生活和命运带来意想不到的影响，而这个"贵人"就是赏识自己的人。

当然，如果自己不努力，没有真本事，那么别人也是不可能来赏识、栽培你的，就算有人来举荐、提拔你，到头来也会因为你是一个扶不起的阿斗而作罢。

有本事的人，如果一直没有人赏识，而且还缺乏有力人士的举荐和栽培，那么他们是不是也容易受委屈、受埋没呢？而一个既有本事又肯努力的人，再加上有人提拔，会不会更加容易平步青云、早日获得应有的表现机会呢？

一个人的成功固然是离不开自身的努力，但是如果能够善于借助外力的帮助，将会事半功倍，而且这种外力在很大程度上就是身边的人。

现代社会，人才济济，同一层次的竞争对手更是很多。比如贴出一张招聘广告，其中说明只招一人，但是符合条件的应聘者可能多达百人。面对众多实力相当的对手，如果你能够抓住一只强有力的手，稍微借用一二分的力，就有希望脱颖而出。

所以，助力者的重要性可想而知了。

王帅曾经在广州的南方人才市场为一家公司进行招聘，收到的简历多达300多份，应聘财务职位的女孩有100多个，但是公司只招一人，最后被录用的就是王帅的老乡，其实王帅就相当于做了一回"推手"。

俗话说："七分努力，三分机遇"。我们一直相信"爱拼才会赢"，但是偏偏有些人是拼了也不一定会赢，关键可能还在于缺少贵人相助。

在攀登事业高峰的过程中，他人的相助往往是不可缺少的一个环节。有了他们，不仅能够替你分忧解难，还能增加你成功的筹码。

有人说机遇可遇而不可求的，其实不然，机会永远只会垂青于有准备的人，如果你的知识、能力，以及你的上进心足以引起他人注意的话，那么你自己的机遇就会比别人多。

玛丽娜在一家著名的跨国公司工作，英文非常好，自诩用英文写东西比中文还优秀。杰克大学毕业之后，就应聘进了这家著名的跨国公司,他知道自己英文很差,便死记硬背了所负责产品的英文解说词。

一天下班之后,杰克单独留在公司,办公室进来一个中年人,找个座位坐下来就开始用电脑工作。这个时候,一个客户的电话打进来,正好碰上是杰克所负责的产品,所以他用英文"精彩"地回答了一番。电话接完之后,中年人抬起头,说了一句:"你是杰克?英文很棒啊!"

几句话下来才得知,眼前的这位是大中国区的董事长。从此,受到大老板鼓励的杰克信心大增,英文一日千里。而这位董事长也经常问起那个英文很棒的小伙子工作如何,出色与否,引得玛丽娜和周围的同事们惊诧无比。

后来,在这位董事长的光辉照耀下,杰克的工作越来越出色,已经成为了公司的中层管理人员。

可见,在职场上抓住身边的机遇,是自我发展的窍门之一,更是职业成熟度颇高的标志。

增加自己的曝光率，吸引他人的目光

人类进入 21 世纪之后，科学技术迅猛发展，竞争也变得越来越激烈，特别是人才的竞争，真的好像那句电影台词"21 世纪最需要的是什么？人才！"

确实，人才决定着竞争的成败，而且现在人才已经处于相对集中的过剩时期，可以说人才是比比皆是。这对你来说就是一个考验，你怎么才能够让自己在众多人才中脱颖而出呢？方法就是学会增加自己的曝光率，适时地推销自己，只有这样你才会被别人赏识，让自己的才华得以施展。

小强是一个房产经纪人，他每天的工作就是和业主、客户打交道。在刚开始的时候，小强被经理安排到了小区做展台宣传，开发房源。但是很少有人上来询问，小强在无聊的时候就会和小区的这些老人们攀谈。

在闲谈的过程中，小强发现这样一个问题：很多老人都抱怨，由于子女们工作很忙，很少照顾家里，家里的大小事情都得由老人操办。但是有的事情由于体力的问题老人不能很好地解决，比如说下水管道堵了、需要换煤气等，去寻找物业，物业有的时候不能及时到来,而且服务态度还非常差,所以老人们有的时候真是苦不堪言。

小强有的时候想,自己为什么不好好利用这个机会,帮助那些需要帮助的老人呢,或许对自己的业务也能够有所帮助。

于是,小强想了想,在自己的名片后面写上:"有困难找小强,竭诚为您服务,不收任何费用。"并且还把这些名片发给那些小区里的老人们,告诉他们如果家中有什么紧急的事情可以找他。

从此以后,经常有人找小强帮忙,虽然有点累,但是也提高了他的知名度。名声都是传出去的,不到半年的时间,在那一片儿没有人不知道小强的,以后只要有买卖房屋和租赁的都会找小强,小强不仅积累了大量的客户资源,也结交了很多朋友,而且业绩也不断提高。

我们看起来一张很简单的名片却很好地推销了自己,在帮助别人的同时也换取了别人的信任。而小强最后也正是靠着这张不一般的名片,换来了自己的名声和良好的业绩。

当我们在开始第一份工作之前,你可能为公司要求的"需要相关工作经验"而感到苦恼,其实只要你能够积极地与人接近,结交一些这个行业的朋友,不断地从他们身上学习,那么用不了多长时间就会收到很好的效果。

张明是学新闻专业的,大学毕业之后,他一心想进一家报社工作,可是由于没有工作经验几次都被拒绝。但是张明并没有灰心,通过打探得知一些报社的工作人员经常在下班之后会到一家台球厅去打台球。于是一到下班的时间，张明也会去那儿打台球，并且还找机会和他们攀谈。

时间长了大家觉得张明这个小伙子很不错，于是他们成了朋友。就在这个时候，张明利用这个机会向他们了解一些工作上的事情，还经常拿一些作品请教他们。他们发现张明很有才华，于是问他："你在哪儿工作？"张明告诉他们说："我刚刚大学毕业，由于没有工作经验被很多公司拒绝了，现在就想找一份报社的工作。"

其中一个人则说："我们报社正缺一个人，来我们公司吧，我看你挺适合的。"张明高兴地说："真的吗？可我没有工作经验啊。"那个人说："我觉得你挺有才华的，肯定能做好，如果愿意明天就到公司来试试吧。"张明听完了高兴得不得了，自己这段时间的努力也没有白费，终于找到了自己满意的工作。

这个故事听起来很简单，可是又有几个人能够想到这么做呢？张明只不过是利用娱乐的时间，找准机会和那些人交朋友，并且适时地展示自己的才华，最后找到了心仪的工作而已。

所以我们不要忽视任何可以展示自己的渠道，并且要学会寻找能够赏识自己的"伯乐"，这样你才能够在职场当中立于不败之地。

第八章
精简圈子,发掘出自己的
黄金人脉

现实生活中的每一位成功人士都有一个共同特点,那就是他们都具有建立并维系一个良好的人际关系网的能力。所以,我们要想立身处世,也一定要多结交好朋友。但是从另一个角度来看,我们一定要结交能够真正帮助自己的朋友,让自己的人脉圈成为黄金人脉圈,让里面的每一个人都是良师益友;不然的话,一个不具备高素质的人际关系网是很难让我们顺利成功的。

多与优秀的人共事

古希腊时期的伊索曾经说道："谁喜欢什么样的朋友，谁就是什么样的人。"所以，让我们经常和那些比自己优秀的人交往吧，那样会让我们成为一个有力量的人。

有一只母鸡捡到了一枚鹰蛋，并且把它和鸡蛋放在一起孵化，结果孵化出了一只小鹰。

可是这只小鹰总是自以为自己是一只小鸡，每天都做着与鸡一样的事情，在垃圾堆里找食物吃，像鸡一样"咯咯"地叫。它从来没有飞过几尺高，因为小鸡们不能飞这么高，它认为自己完全与鸡是一样的。

有一天，它看见一只鹰在万里碧空中展翅翱翔，就问母鸡："那种美丽能干的鸟是什么？"母鸡回答说："那是一只鹰，它是一种非常了不起的鸟。可惜你不过只是一只小鸡，不能像它那样飞，你还是认命吧。"

于是，小鹰接受了这种观点，自己也不再去尝试着飞翔，整天做着与鸡一样的事情。由于没有鹰去影响它，所以它只有与鸡为伍，缺乏远见，结果丧失了鹰的特长，最后就像鸡一样度过了自己的一生，也像鸡一样死去。

在我们的生活中也会有很多类似的不幸。一些人本来是非常优秀的，却跟一些胸无大志的人在一起瞎混，结果让自己原本优秀的身影渐渐蒙上了无所事事的尘垢，以致到后来，跟那些无用的人没什么区别了。

俗话说："近朱者赤，近墨者黑。"如果你经常跟翱翔的雄鹰在一起，那么即使你学不会飞翔，你也能够说出飞翔的奥妙，能够感受到飞翔的意趣。换句话说，如果你的朋友大都是有志者，那么你也许不会成为一个逊色的人；可是如果你周围的人经常是牢骚满腹，那么你也终将成为一个爱发牢骚的人。

试着经常和那些比你优秀的人交往吧！他们能够让你吸收到各种对你生命有益的东西，这样就可以激发出你对事业更多的追求。

很多人之所以容易失败，就是因为他们并没有意识到，也不善于和那些比自己能力强的人交际。

在生命当中，如果我们错过了那些与比我们强的人结交的机会，这真的是一种很大的不幸，因为只有在这种接触当中，我们生命当中那些粗糙的部分才能够被渐渐削平，才可以将我们雕琢成器。特别是与一个能够启发我们生命中最美、最善的东西的人相结交的机会，其价值是不可估量的，因为这样的人能够让我们的力量倍增，使我们的收获不可限量。

懂得策划人脉，抓住核心人物

你可能总是听到有人喜欢抱怨："为什么我总是没有伯乐相助呢？""为什么别人总是比我获得更好的机会呢？""为什么一起进入公司，别人很快得到提升，可是我始终做着最基层的工作呢？"

要想获得好的运气，尽快地获得成功，那么我们就不能等着伯乐来找我们，而是应该主动出击，策划自己人脉中的伯乐。只要你愿意付出努力，那么自然就一定会有收获。

蒋瑞英是北京某大学的高才生，在即将毕业的时候，很多同学都开始奔走于各种招聘会和各家公司组织的面试活动，忙得不可开交。

可是蒋瑞英显得非常清闲，因为她选择了另外一条求职的通道，那就是直接给那些大型企业的总裁写信。蒋瑞英的信可不是一般的自荐信，而是详细地分析了公司在市场当中的状况，从而提出公司所面临的问题，而且又阐述了自己能够为公司带来什么样的改进，在信中都讲述得非常清楚。

这样的信件蒋瑞英一共写了十几封，他最后收到了十家公司的回复，他从中选择了到一家最有市场潜力的公司工作。

在进入公司之后，蒋瑞英立刻被总裁任命为部门经理，经过一年时间的考验，蒋瑞英进行了大力度的改革，主要是针对部门的管理策略，让公司的业绩得到了大幅度的提升，从而被总裁晋升为公司的经理。

蒋瑞英的成功经历就告诉我们，伯乐其实到处都有，只是很多人不愿去挖掘而已；一个人如果能够主动结交伯乐，那么这就等于为成功加上了一个含金量十足的砝码。

如果你立志要做一个成功人士，那么就不要守株待兔地等待伯乐的降临，只要你不断地策划人脉，总有一天会遇到能够给你带来改变的伯乐。

所以，我们要从现在开始，努力策划每一条可能通往成功的人脉，相信你的命运一定会被伯乐所改写的。

通过 MBA 认识世界顶级人才

为什么很多人喜欢读一流的大学？其实一流大学的魅力之一就在于在一定程度上可以为它的学生提供一个非常优质的人脉圈子。如果你就读于最好的大学，那么你也一定不会放弃去结识那些杰出的年轻人。如果你现在并不是一流大学的学生，当然也没有关系，你可以有多种途径，比如可以选择去国外商学院读 MBA，来结识更多顶级人才。

读 MBA 虽然需要一笔不小的费用，据统计，在美国的商学院攻读两年 MBA 大约需要花费 10 万美元。但是，当你反过来想一想，就会发现这些花费仍然是值得的。

因为，你在这里所结识到的朋友都是"人尖"，他们今后很有可能会获得更大的发展，那么这就会给你的事业带来帮助。这其实就是名校 MBA 最大的魅力，如果没有这一点，MBA 的价值自然就会贬值很多。

当然，不菲的费用对于一些人来说，仍然会望洋兴叹。其实，去国外名校读 MBA 也并非唯一的选择。如今，有些企业已经开始自建商学院，花钱请人来上课，班上很多学员都是免费的。比如，诺基亚、索尼等越来越多的世界级知名企业已经相继开办了自己的 MBA 学习班，而且把目标主要锁定在公司高级管理阶层和政府要员。

当一个企业投入如此大的精力和金钱，难道就仅仅是为了让员工们获得一些先进的管理知识吗？如果目的单纯是这样，企业完全可以把他的员工送进学校，而不是自己办班。究其原因，其实这就是一种新型的公关策略——建立一个强大的人脉关系网。

曾经有一位在北大诺基亚中国学院 MBA 班就读的江先生表示，读 MBA 有两大目的，一个是学习诺基亚一流的管理经验，另一个是多交朋友。

江先生认为自己是从事市场推广工作的，所以人际关系非常重要。念这个 MBA 国际班的人都不是等闲之辈，今日搞好同学关系，也就意味着明日的财富，开放式的 MBA 教育也更为促进同学之间的交往提供了方便。

如今，越来越多的企业正在逐步重视起校友的人际关系效应，越来越多的企业也开始不惜花费大量金钱构筑自己的"人际关系网"。如果你是这些企业当中的一员，那么就要充分利用这些难得的机会，不断去扩大自己的人脉网。

朋友也要分别对待

当我们在交朋友的时候具有一点儿"势利"实在是一种远见。势利，并不是见风使舵，看见谁有钱有势就巴结谁。势利其实就是给朋友分类，换句话说，就是要分清哪些朋友是我们真正的朋友，是能够和我们一起共甘共苦的；而哪些朋友更多方面只是利益上的关系；哪些朋友只算得上是点头之交……

从前有一个人，拥有很多的朋友，三教九流都有，他经常向人夸耀，说他朋友之多，天下第一。结果有人问他："朋友这么多，你都能同等对待吗？"

他想了想说："当然不能够同等对待了，肯定是要分类别的。"他说他交朋友都是诚心的，不会利用朋友，也不会欺骗朋友，但是别人来和他交朋友的时候不一定都是真心的。在他的朋友中，人格清高的朋友有很多，但是这些人也想从他的身上获取一点儿利益，除此之外，心存坏意的朋友也不少。

他说道："对心存歹意、不够诚恳的朋友，我总不能也对他推心置腹吧，那样只会害了我自己呀。"

所以，在不得罪朋友的前提下，这个人把朋友分类别，有"刎颈之交"、"推心置腹"、"可商大事"类，也有"酒肉之友"、"点头之交"、"保持距离"类等，而他也就是根据这些类别来决定与对方关系的亲疏。

我们不得不说这个人是非常聪明的，因为我们每个人不可能只和品格高尚的人来往，如果能够给朋友分出一个正确的类别，不仅可以避免自己受到无谓的伤害，节省人情往来的精力，还可以最大程度地发挥朋友的能量。

朋友的类别自然不是从一开始就分出来的，而是在与朋友的交往中，根据朋友的品质、亲密的程度、感情的远近、利益上的分配等慢慢分化出来的。

当然，我们主张对朋友要以诚相待，不可有欺骗，但是，防人之心不可无，凡事应多留个心眼。对于可深交的朋友，我们可以与他分享你的一切；对于不可深交的朋友，维持基本的礼貌就可以了。

我们把朋友分类别,并不是以地位或金钱为标准,不管对方多么有智慧、多么有钱,首先要是个"好人"才可深交,也就是说,对方和你做朋友的动机必须是纯正的。

曾经有一家公司的董事长,当他说起自己的创业史的时候,深有感触地说:"当年,我和一个哥们儿一块创业,哥们儿说话豪爽,办事利落,可是最后在公司效益不好的时候,他马上另立门户,带走了所有的客户,几个得力的员工也被他带走了。这时候,和我在一起的是一个平时很沉默的老大哥,他在一旁耐心地指点我、帮助我,直到我把公司重新做起来了,他才说自己老了,干不动了,什么要求也没有,就回家乡去了。临走时,董事长摆酒宴感谢他,他说:"我之所以这样帮你,就是看你是个老实的小伙子,才想帮你。"

真是患难见真情。把朋友分类,就是要在交往中去区分、划分好友与损友。你不能像分名片一样,经理级的放在一起,副经理级的放在一起。你这样划分,就显得太势利了,相信也没有人愿意和你这样的人做朋友。

上例中的老大哥,就是以"你是个老实的小伙子"为由,决定留下来帮助他,这样的朋友你不把他划分到你的好友当中,还等什么呢?

我们要多结交例子中"老大哥"一样的朋友,不管你是穷困潦倒,还是飞黄腾达,他们都会不离不弃地帮助你。如果能够以这些朋友为经脉,那么就能织起一张结实而稳固的四通八达的人脉网。

通过朋友，扩大人脉范围

　　如果你要想尽快地扩大自己的人脉圈，那么，融入一个新圈子不失为一个最快捷的方法。但是"圈子"有的时候会像一个城堡，对外人它不一定开放。为此，外界的人总是渴望知道"圈子"里面的生活，也有更多的人希望进入不同的"圈子"当中。

　　多认识一些有圈子的朋友，那么朋友的圈子就可能成为你的圈子，从朋友的圈子里你仍然可以再扩展出另一个圈子，就这样，一个圈套着一个圈，以这样的方式来拓展人脉，那么发展的速度是惊人的。

　　假如你认识的一个朋友跟你说："下星期我们有个聚会，你来参加我们的聚会吧。"当你到了那个聚会之后，发现这些人都是来自五湖四海的人，你的圈子又扩大了。

　　我们知道在人脉网当中，朋友的介绍相当于信用的担保，朋友要把你介绍给其他的人，就意味着朋友是为你在做担保。基于这一点，你可以请你的朋友多介绍他的朋友给你认识，就好像如果你的新客户是一个很可靠的老客户介绍的，那么这位新客户就会很快接受你或者是你的服务一样。

　　当我们的人脉关系链接成"链"的时候，你就会发现这样建立人脉的成本是非常低的，你根本不需要花更多的时间去做介绍，你也不需要花更多的时间去请客吃饭，你完全可以把这些都省下来了。

　　我们每个人的社会圈都存在自己的局限性，所以，多认识一些带圈子的朋友是可以弥补我们个人在社会关系中的不足。

　　如果你想进入一个新的行业，那么从现在开始你就应该想方设法让自己进入那个行业中去，成为"圈里人"。你可能会尝试认识某个有实力的人物，但是这个可能性到底有多大呢？其实你可以通过朋友的介绍，让自己先进入这个圈子，之后再想办法认识大人物，这就是圈子为我们带来的好处。

　　想要扩展公司、单位以外的人脉，扩大交友范围，我们就可以借助社团活动的开拓来经营人际关系。

　　在平时，如果我们太过主动接近陌生人，非常容易引起对方的反感，甚至会遭到拒绝，但是通过参与社团的活动，人与人的交往就会变得更加顺利，能在自然状态下与他人建立互动关系，扩展自己的人脉网络。人与人的交往，在自然的情况下发生，这样会更有助于建立情感和赢得信任。

　　如果参加某个社团组织，那么最好的是能够谋到一个组织者的角色，理事长、会长、秘书长这样的最好，这样就得到了一个服务他人的机会，在为他人服务的过程当中，自然就增加了与他人联系、交流、了解的机会，人脉之路也就会在自然而然中不断延伸。

提高人脉质量，让你的人脉国际化

如果你是一个希望能够在现代社会中取得成功的人，那么请不要忘记多结交一些外国人，让自己的人脉国际化。

在全球化的今天，世界变得越来越小，跨国界的交往变得越来越多，做生意、旅游、求学，甚至是日常的生活都会让我们有很多机会接触外国人。所以，有意识地做一些准备，培养自己的国际视野，这也是非常有必要的。

一方面，外国人可能就是我们的生意客户或者是合作伙伴，跟他们建立关系，可以扩大自己的业务范围，拓展国际业务；另一方面，外国人与我们的文化不同，看问题的角度不同，做事的方式也不同，在和他们的交流过程中，我们可以感受到思维和观念上的冲突与交融，大家求同存异，取长补短，能够以更广阔的视野来看待和解决问题，获得双赢。

当然，也正是因为存在文化背景的差异，所以结交外国人也存在很多现实的困难，如果能够利用自己的一些小特长，那么克服这些困难也许就非常容易了。

金跃军是一位职业经理人，在一家外企工作，非常喜欢中国的烹调技术,曾经专门报培训班学习过。平日里没事,他自己也会经常琢磨一些新菜式。周末或者节假日的时候,他经常会请那些外国同事到家里品尝自己做的佳肴。

不久前,公司从欧洲总部派来了一名法国人,担任公司的副总裁,主要负责金跃军所在的部门。在副总与部门员工的见面会上,金跃军就主动提出自己的特长是做中国菜,结果这位副总裁对此很感兴趣,说有机会一定要去品尝。

金跃军也牢牢记住了这句话,没过多久就宣布举办一次家庭宴会,称自己最近学了几样新菜请同事们去品尝,并且盛情邀请了副总裁。

果然,副总裁被他的厨艺吸引住了,后来副总裁便经常到他家做客,而且还向他学习中国菜的做法。

当然,他们建立了非常好的私人友谊,后来,法国副总裁升为了公司总裁,逐渐提拔了他,为他后来成为著名的职业经理人打下了坚实的基础。

由于文化差异的缘故,结交外国人的时候,在方式上一定要注意有所调整。中国人交往,相互之间非常喜欢谦虚,对于自己的能力往往会刻意缩小。可是,在与外国人交往的时候就不需要这样的客套,能做到的就要说出来,不然的话反而会让对方误认为你的实力不够,或者是对他有意隐瞒,显得不够诚意。

另外一点,一定要注意和对方交往的礼貌。因为不同国家、不同文化背景下,交往的礼仪往往是不同的,如果不留心,那么就会造成误解。

东西方文化的巨大差异也是非常明显的，比如大家都有所了解的，西方人非常反感被问及年龄、婚姻、收入等隐私性问题，而东方人则不喜欢在与对方交谈的时候显得针锋相对、咄咄逼人。

只有当我们注意了解交往对象的习惯礼仪之后，才能够更顺利地结交外国朋友，让自己的人脉向更广阔的国际空间拓展。

打造黄金人脉，沟通是第一课

如何才能拓展人脉呢？当然离不开沟通。如果一个人不会沟通，那么他还谈什么交什么朋友。所以，你想认识更多的人，就一定要先学会沟通。

据统计，现代工作中的障碍 80% 以上都是由于沟通不到位而造成的。一个不善于与上司沟通的员工，是无法做好工作的。

玛利亚是美国金融界一位知名人士。她在刚刚进入金融界的时候，她的一些同学已经在业内担任高职，也就是说他们已经成为老板的心腹。当玛利亚向他们寻求建议时，他们教给玛利亚一个非常重要的秘诀就是一定要积极地与上司沟通。

工作当中如此,人际交往中更是如此。不沟通,别人怎么会知道你在想什么?你是什么样的人?你需要什么帮助呢?

有一天,狮子和老虎之间爆发了一场激烈的冲突,结果是两败俱伤。狮子快要断气的时候,对老虎说:"如果不是你非要抢我的地盘,我们也不会弄成现在这样。"老虎吃惊地说:"我从来没有想过要抢你的地盘,我一直以为是你要侵略我呢。"

在很多时候,我们都会发生老虎和狮子的误会,特别是当我们处于竞争状态的时候。

小王和小李同在一家公司,而且还是同一个部门,她们两个人都很优秀,她们总是觉得对方在和自己竞争,于是每天都小心地提防对方,一旦谁做出一点儿成绩,她们马上认为,这是对方在故意和自己较劲,马上就绷紧了神经。

其实她们自己也并不想处于这种竞争状态,但是都怀疑对方在和自己较劲。如果你意识到自己错了,或者是不想和对方为敌,想与对方和好,那么就请尽快与对方沟通,免得误会越闹越深,发生违背自己本意的事情。

宋娟在一个酒会上遇到了一位男士,一见之下,很是心仪,可是宋娟不知道如何跟他打招呼,张了几次嘴都不好意思说出来。宋娟就这样眼睁睁地看着自己心仪的男子在人群中穿梭交谈,直到酒会结束离去为止。

宋娟后来是越想越后悔,怎么就没有勇气上去讲话呢?哪怕是问一声"你好"也可以呀。

　　不会沟通，我们往往就会失去很多重要的机会。所以，从现在开始，我们每个人都不要再犯与宋娟同样的错误，马上向每一个让你喜欢的人问声好，告诉他们你很想和他们交朋友。

　　如此一来，你会发现，对方往往也和你的想法一样，你们之间居然会发生意想不到的惊喜。可见，勇气是沟通的第一步。当然，在与人交往的过程中，如何与人沟通也是一门学问。

　　第一，明确你的沟通目的。

　　在人际交往过程中，你应该懂得两个方面的角色运用：一是角色互换，二是角色创造。有的人不懂得把握角色互换的原理，所以常常习惯于从自己的角色出发来看待自己和别人的行为。

　　美国总统罗斯福在一次打猎的时候，不小心惊走了一只梅花鹿，结果被一位老猎人狠狠地骂了一顿。当时罗斯福老老实实地低着头，因为他知道，他现在的身份只是一个新猎手，并不是总统。

　　当你是上司的时候，你就要拿出上司的姿态和员工进行沟通，但是，如果脱离了公司的环境，你就一定不要再摆出上司的架子，只有这样，当你在和别人沟通的时候，别人才愿意和你接近。而且具体扮演什么角色，一定要视对方的角色而定。

　　当你发现与人无法沟通的时候，你应该尝试换一个身份去思考：如果我是他，在现在这种情况下，我会怎么样呢？我希望别人怎样对我，怎样和我说话呢？我能怎么样呢？想清楚之后，你就可以调换身份，创造一个新的角色。

曾经有一个上司听到了一个员工抱怨薪水问题,从上司的角度去想,他并不认为这个员工的薪水有什么问题,可是如果他从员工的角度去想,那么就会发现他也会有同样的抱怨。当他想办法换了一个沟通方式之后,这个员工的抱怨自然也就没有了。

第二,不要害怕被拒绝。

对于很多害怕被拒绝的人来说,我们可以先仔细阅读下面这个故事:

有一个男孩想开创自己的事业,于是他便问他的父亲是否可以开创自己的事业。他的父亲告诉男孩可以。就这样,男孩决定为邻居提供油漆服务,但是开始的三家都拒绝了男孩的服务。男孩非常沮丧地回家告诉了父亲。但是他父亲很高兴地告诉男孩:"你已经开始赚钱了。"

父亲随后继续说道:"当有9个人对你说'不'时,总会有一个人对你说'可以'。如果你的服务费是10美元,那么当第一个人对你说'不'后,就等于你已经赚到了一美元。"

所以,我们不要怕被人拒绝,关键不在于有多少人拒绝了你,而在于你有没有把你的想法说出来。不管别人说什么,只要你对别人说出了你的服务,就等于你已经赚到了钱。

第三,增加沟通的次数。

曾经有一位优秀的推销员说:"每次去拜访客户的时间应该尽量减短,但是要增加拜访的次数,每次都重复同样的话题也就是说要常去拜访客户，但要尽量缩短沟通的时间。"

日本北海道的雾是相当著名的。人们身在其中，在刚开始的时候并没有什么感觉，等到感觉有雾气的时候，身上的衣服早就完全湿了。而且这种雾气最厉害的地方就是使人在不知不觉中浸湿了衣服。

试想，如果有人提了一整桶水泼人，被泼的人一定会立刻感觉到。薄雾最初令人一点儿感觉也没有，却实实在在地浸湿了衣服。

其实，在我们谈话的时候，内容的90%应该为闲谈，拉拉家常，这样才能够让人感觉到你是关心他们的，也比较容易拉近距离。

第四，与人沟通最重要的是诚心。

只有当人们觉得你是在为他们考虑的时候，他们才会很好地接受你的意见。"诚于心，而形于外。"当我们能够真诚地和别人沟通的时候，也就比较容易获得别人的帮助。只要你诚心诚意和别人交流、沟通，那么不管生意是否能做成，至少多了一个朋友。

从长远利益的角度经营人脉

友情的投资需要我们从长远来考虑，千万不要有"近视症"，需要关注人脉的成长性和延伸空间。

有一个中小企业的董事长，他长期承包一些大电器公司的工程。这位董事长的交际方式与一般企业家的交际方式的不同之处在于：不仅重视与公司要人的关系，而且对年轻的职员也能够诚恳相待。

当然，这位聪明的董事长这么做也不是无的放矢。事前，他总是想方设法将这些大电器公司当中各员工的学历、人际关系、工作能力和业绩，做一次全面的调查和了解，认为哪些人大有可为，日后必成气候的，他都会尽心款待。

比如，当他所看中的某位年轻职员晋升为科长的时候，他就会立即跑去庆祝，赠送礼物，同时还会邀请他到高级酒店用餐。

一个年轻的科长是很少受到这样的款待的，心中自然是倍加感动，心想：我从前从未给过这位董事长任何好处，也不是什么有权有势的人物，人家这样待我，真是有愧。

而正在其受宠若惊之际，这位董事长却说："我们公司能够有今日，完全是靠贵公司的抬举，因此，我向你这位优秀的职员表示庆祝，也是应该的。"其实董事长这样说的用意，就是不想让这位职员有太大的心理负担。

这位董事长明白，十个欠他人情债的人当中，肯定会有九个给他带来意想不到的收益。

果然，在生意竞争十分激烈的时期，许多承包商倒闭的倒闭，破产的破产，但是这位董事长的公司仍旧生意兴隆。

我们不得不佩服董事长"放长线钓大鱼"的眼光。我们应尽量少做临时抱佛脚的事，应该注意有目标的长期感情投资。同时，放长线钓大鱼，必须做到慧眼识英雄，这样才不至于将自己的心血枉费在那些中看不中用的庸才身上。

人脉中的糟粕要及时剔除

管理学大师德鲁克说："清理你的人脉就像清理你的衣柜一样，将不合适的衣服清出衣柜，才能将更多的新衣服收入衣柜。"我们每个人的精力是有限的，我们不可能把所有的时间都用在处理人脉关系上。

我们不难看见一些整天忙于应酬的人，他们在酒桌上说着一些言不由衷的话。当你仔细观察一下，你就会恍然大悟，原来这些人都是一些酒肉朋友，大家在一起只不过是为了互相利用，或者是为了解闷。可是事实上，这些对我们没有意义的应酬应该能推则推，对我们毫无意义的朋友该清除就应清除。

人脉并不是越多越好，这就好像我们读书一样，你读的好书越多，那么你进步得就越快。你的好人脉越多，你的运转就越是良性的。

人脉当中不仅仅有精英、良师、益友，也有损友。在日常交往中，这些人的劣性就会慢慢显现出来。可能有的人贪功好利，有的人品质败坏，等等。一旦人脉当中掺杂了过多的杂草，那么我们就难免要和这些不好的人打交道，既浪费精力，又有可能把你的生意彻底搞砸。所以，学会找出人脉中的杂草，一定要使你的人脉网充分运转起来。

几乎在任何组织里，我们都会遇见几个非常难伺候的人，他们存在的目的好像就是为了把事情搞糟，把自己搞臭。而且更为糟糕的是，他们就好像是果箱里的烂苹果，如果你不及时处理或者把它丢掉的话，它就会迅速传染，把其他好的苹果也弄烂。

对于这些人来说，他们根本就不希望帮任何人的忙，他们的存在永远都是弊大于利的。这样的人就是你人脉中的杂草，假如你身边有以坑蒙拐骗谋生的人，那么你想都不用想，赶紧从你的朋友名册上把他们删除掉。

除此之外，以下这几种朋友，你也有必要考虑一下是否可以从你的人脉网中清除，以便把你从繁忙的应酬中解脱中来。

（1）和你完全没有共同语言的人

我们每个人都有自己的生活，如果朋友所追求的生活和你追求的生活是格格不入的，毫无共同点的，而你们现在并不存在同事或同行关系，维系你们感情的东西就几乎不存在了。那么，对这样的朋友，你其实是没有再交往下去的必要。

（2）看不起你的人

在生活当中，总有一些人认为自己的身份地位或者条件比你好，而不愿意和你交往。对于这样的人，他们只会在你发达之后才会反过来巴结你。可是事实上，他们是帮不上你什么忙，你与他们合作，反而还要小心是否有被算计的危险。

（3）完全依赖和利用你的人

虽然我们谁都不愿意承认，但是事实上，那些完全依赖你，比如月底没钱了马上就找你借，却有借无还；房子到期要搬家了，大老远把你叫过来只为省两百块搬家费，过后却对你毫无表示的人，你也许从心底里确实不想和他们再来往了，可是由于找不到理由，非常无奈。

（4）利用完你就走的人

这种人会在需要你的时候甜言蜜语，一旦达到了他们的个人目的，便翻脸无情。这样的人不要再跟他们计较以前的得失，赶紧把他们踢出你的人脉圈。

第九章
经营圈子，好人脉需要精心维护

人脉是什么？其实就是人际关系及其脉络，只有将人际关系串联起来，变成一张网络，有意识地维护、运用，并不断进行扩张，这样的人际关系才可以称为人脉。假如说我们建立起来了人脉，但是不懂得如何去维护，那么这张人脉网也终有一天会破碎的。

管理名片，就是管理你的人脉

在生活中，我们很可能会在某一个特定的场合，比如说聚餐地点、会议场所匆匆遇到一个人，大家打过招呼之后也许就各忙各的了。可是如果他确实给你留下非常深刻的印象，那么你记得让他留给你一张名片，这样日后有时间大家可以再交流。

可是你也许会遇到这样的情况，等过了几天之后，你再想起他的时候，却发现怎么也找不到他的名片了。这是多么可惜的一件事情。

如果你能够养成定期整理名片的习惯，那么也许就能够避免，甚至是就不会出现这种遗憾了。

如果现在的你是一个应酬非常多，或者需要每天都接触到新人的人，那么一定记得要随身携带两个名片夹。一个用来装你自己的名片，而另一个则是用来专门存放别人的名片，千万不要把别人递过来的名片随手放进口袋或者背包里面，因为这样很容易折痕或丢失。

美国著名的喜剧演员贝雷·伯顿寄出去的贺卡总是别具一

格,他绝对不说陈腔滥调的客套话,他所写的每句话都十分切中要点,也能够非常正确提及收件者与他最近一次联系的时间,内容通常是:"我永远不会忘记和你在4月15日见面,你大骂今年的腐败事件。"

贝雷·伯顿怎么可能在几个月之后,还可以清晰地将日期与谈论内容记得如此一清二楚呢?难道他真有这么好的记忆力吗?

当然不是,贝雷·伯顿的秘诀就是不管何时,只要他一遇见某个人,他就会立即写好卡片和信,然后收藏起来,等到圣诞节临近的时候再寄出去。

这么多年来贝雷·伯顿都用同样的办法,从未被人识破。

其实,我们同样也可以对名片做这样的记录,当你和他人在不同场合交换名片之后,在名片上务必详尽记录与对方会面的时、地、情况。交际活动结束后,这个时候应该好好回忆复习一下刚刚认识的重要人物,准确记住他的姓名、企业、职务、行业等。

第二天或者过两三天,再主动打个电话或发个电邮,向对方表示结识的高兴,或者是适当地赞美对方的某一方面,或者是回忆一些你们愉快的聚会细节,让对方加深对你的印象和了解。

下面,我们可以看看世界一流人脉关系专家哈维·麦凯是如何整理和利用名片的。

第一,得到一张名片之后可以把它复制成三份,一份放在家里，一份放在办公室，一份放在总档案袋里。

第二，把所有的名片一小叠一小叠地堆在桌上。一叠是亲自拜访的，而另一叠则是电话联络的，还有的一叠可以交给秘书，由秘书写信或是短笺给顾客的。

第三，把所有的名片分类，最好能够按照成为顾客可能性的顺序排列。3A 级顾客，2A 级顾客，A 级顾客，不合格顾客。

第四，删除或者修正名片中没有用的资料。

第五，每当与他人联系的时候，都会在卡片上记录并标示出日期。这样做的好处就是能够很快地知道哪些人已经联络了，哪些人还没有联络。

经常梳理你的人脉关系网

想要很好地管理自己的人脉网，除了要和一些"有价值"的朋友保持密切的联系之外，还应该对自己的交际圈做定期的"清理工作"。对那些伪善的损友，一定要尽快地将其从自己的朋友中排除出去，避免他们对自己造成不良的影响。

有一次，国际著名演说家菲立普女士请造型师帮她做造型

设计。造型师首先帮她整理了衣柜,把所有的衣服分成了三堆:一堆是送给别人的;一堆是回收的;剩下的一小堆才是留给菲立普的。

菲立普看见不少她喜欢的衣物都是放在送给别人的那一堆里,于是请求说:"请让我留下件心爱的毛衣与一条裙子好吗?"但是造型师摇摇头说道:"不行,这些也许是你最喜爱的衣物,但它们不适合你现在的身份与你所选择的形象。"

由于造型师丝毫不肯让步,菲立普女士也只得眼睁睁地看着自己大半的衣物被"逐"出家门。

造型师让菲立普女士留下来的衣服,都是最美丽、最吸引人、剪裁最合体的几套。菲立普后来感慨说:"我必须学着舍弃那些已经不再适合我的东西。而'清衣柜'也渐渐地成为了我工作与生活的指导原则。不论是客户也好,朋友也好,衣服也罢,我们都必须评估、再评估,懂得割舍,以便腾出空间给新的人或物。"

整理人际关系网的道理其实也一样。如果我们也对自己的人际网络做同样的"清除"工作,那么在清除"杂草"之后,留在圈内的朋友不就都是我们最乐于往来的人了吗?

格林伍德曾经感叹道:"我宁可独自一人,没有朋友,也不愿与那些庸俗卑微的人为伍。"

在你的生活当中,特别是在你为成功而奋斗的过程中,你可能需要寻找朋友,但是,你一定要注意,不要结交那些对你有害而无益的朋友,更不要让自己被他们拖入浑水之中。

我们所处的环境和结交的朋友，对于我们的一生会产生很大的影响，可以说，交上怎样的朋友就会有怎样的命运。

所以，在选择朋友的时候，你要努力与那些乐观、富有进取心、品格高尚，有才能的人交往，这样才能够保证你拥有一个良好的学习和生活环境，获得丰富的精神食粮以及朋友的真诚帮助。

为了更好地整理、维护你的关系网，你需要从以下几点做起。

第一，要对自己认识的人进行分析。

自己列出哪些人是最重要的，哪些人是比较重要的，哪些人是次要的，根据自己的需要进行排队。这就好像打扑克一样，明白自己手里有几张主牌，几张副牌，哪些牌是最有力量的，可以用来夺分保底，而哪些牌只可以用来应付场面。

这样，你自然就会明白，哪些关系需要重点维系和保护，而哪些只需要保持一般的联系和关照，从而决定自己的交际策略，合理安排出自己的精力和时间。

第二，谨防被"小人"朋友出卖。

不知道你有没有遇到过这样的事情：你身边的人、同事、部下或者是毫无利益冲突的人，你信任他、依赖他，甚至辛辛苦苦、劳神费力地为他们着想，努力满足他们的各种愿望，对他们可以说是和和气气、任劳任怨。可是忽然有一天，不知为了什么，这其中的某个人却在背后狠狠地捅你一刀。更为伤心的是，当你捂着伤口仔细回忆，却无论如何也想不起来哪里伤害了人家,最后只能独自慨叹:交错了朋友。所以,面对防不胜防的小人,我们一定要尽早地疏远他。

第三,小心被整日牢骚满腹的朋友带坏。

有一些人,不管现实怎样,也不管自己是否努力,总是喜欢一味地进行抱怨,抱怨单位不好,抱怨上司不好,抱怨工作差、工资少,抱怨自己空怀一身绝技没人赏识……

殊不知,抱怨只会让你失去更多。如果你与这样的人成为朋友,那么久而久之,你也会染上他的恶习,从而成为一个让别人讨厌的人。

第四,不要总是满足一些向你借钱或者求助的朋友的要求。

虽然我们说朋友向自己伸手总是不好拒绝的,而且"有难同当"也是交友所必须遵循的一项原则,可是任何事情都是应该讲究尺度的。你可以帮朋友一时,却无法资助朋友一世。

特别是当一次次"救急"的钱像肉包子打狗一样有去无回的时候,除非你愿意被这种自私自利、不劳而获的损友拖累一生,不然就必须让自己赶紧勒紧钱袋,把他的名字从朋友的名单上坚决地划掉。

第五,不能和喜欢吹牛的人做朋友。

言过其实、夸夸其谈的人,其实就是老百姓说的"光会耍嘴皮子"的人。他们说起话来滔滔不绝、气势逼人,让人很难不相信。可是实际上呢,除了一张好嘴,别的什么本事也没有。

君子应该少说话,多做事。我们最看重的不是一个人说了什么，而是一个人做了什么。

第六，别把忌妒心太强的朋友留在身边。

和这样的人交朋友，你必须以甘愿平庸作为代价。当你和他站在同一条水平线上的时候，他可以和你亲密无间地来往，可是当你发达了，他的心里立刻就会泛出陈醋味，甚至还会憎恨你，在背后说你坏话，给你制造各种麻烦。这样的"朋友"，很多时候比敌人更加可怕。

第七，远离喜欢搬弄是非的朋友。

一般来说，爱搬弄是非的人，本身就是是非人。这种人喜欢整天挖空心思去探寻他人的隐私，今天说这个朋友有了外遇，明天说那个朋友做生意赔了钱等，他甚至会告诉别的朋友说这些话是听你说的，到那个时候，你真是有口难辩。这样的朋友，不要也罢。

总之，关系网的编织固然是很重要的，但是更重要的是人脉网络要经常维护、妥善管理。不然的话，会让你最初的努力功亏一篑，对这一点我们一定要多加注意。

进行人脉资源互换，让你的人脉越来越多

曾经有一位哲人说过："如果你有一个苹果，我有一个苹果，互换之后，我们仍然是每人一个苹果。倘若你有一个朋友，我有一个朋友，彼此互换，那么我们就有两个朋友。"所以，互换人脉资源其实是扩展人脉最快速而有效的方法。

小李是一名汽车推销员，而他的母亲则是保险推销员。有一次，小李向一位姓王的商人卖出了一辆汽车。

一周之后，这位王先生突然接到了一个陌生的电话："王先生您好，我是小李的母亲，非常感谢您一周前向我儿子买了一辆汽车。我儿子说您明天要开车回车行进行检查是吗？我能在您检查车的一个小时时间里，和您共享午餐吗？"

这位母亲知道，大凡老板都是非常繁忙的，一般不会随便接受别人的邀请。所以，她就借王先生检查车的时间请他吃饭，这样王先生就不好意思推辞了。

第二天，王先生来到约定地点，那位母亲和他的儿子已经等在那里了，一见面，母亲就说："王先生，为了感谢您对我儿

子工作的支持，我请您坐一坐，顺便聊一聊如何更好地维护您的爱车。我想您不会拒绝一个做母亲的请求吧?"王先生本来想见个面就走的，这下盛情难却了，只好接受了邀请。

席间，这位母亲说:"像您这么成功的人士，一定会非常注意生活的品质，一定需要一份完善的保障计划。我这里有一份非常适合您的保单，请您看一下。"王先生接过保单，心想反正要为自己的车买保险，向谁买不是买呢? 签了吧。就这样，儿子的客户也成了母亲的客户，这就是人脉资源交换的有效运作。

我们每个人的人脉关系网都是不同的，你的人脉关系网中的每一个小点，其实都是可以为你带来一条人脉的线。这就好像是数学的乘方，以这条主线来建立你的人脉关系网，速度很显然是十分惊人的。

杨杰有一家自己的公司，在商界摸爬滚打了很多年，也算是交友广泛。但是由于公司经营项目的限制，他结交的都是一些和公司开发项目有关的人士，让杨杰发愁的是如何打通科技方面的人脉。

公司最近新研发了一个项目，但是有一环节苦于没有人脉而不得不搁浅。正当发愁之际，王总给他打来电话，想让他请广告界的一位老总来参加自己举办的宴会，原来王总公司要推出一个新的品牌，需要广告界的支持。就在这次宴会当中，王总也给他介绍了几位科技方面的人士，对他的帮助简直是太大了。

如今，也许你正在为拓展你的人脉网而发愁，不知从哪里着手。哪怕你只认识几个人，你要相信，你同样可以把人脉网扩大。因为，你可以通过朋友去认识朋友的朋友，把你的人脉网与朋友进行互换。你将拥有更加丰富、完善的人脉网。

不要报复，做到化敌为友

当你在工作当中非常需要另一个人的帮助的时候，而这个人可能曾经与你有某种不和，那么你该做些什么，显然，放弃不是一个好办法，虽然不费吹灰之力便可做到，但是会使你失去一个得力伙伴。而聪明的做法就是你要如何化敌为友，使其成为你的朋友。下面的这几种做法可帮你达到这一目的。

第一，勇于承认自己的不对之处。

不要总害怕承认自己的不对，认为这样别人就会看不起自己了。其实，真正有能力的人就是那些勇于承认自己的不对之处的人。

第二，对别人的兴趣加以注意。

要想让对方对你有好感，并且愿意成为你的朋友，那么最好的办法就是对他的兴趣加以注意。

第三，对威胁性的问题不要理会。

有的时候，我们总是会听到别人火药味的问题："你以为你是谁？""你们那名牌学校难道没教你点什么东西吗？"这些问题以及它们那些数不胜数的变种，根本就不是询问什么信息，它们只是为了使你失去平稳的心态。

我们千万不要带着感情色彩去回答他们，因为根本就没有必要回答它们。索性假装它们压根儿就没从你同事的嘴里迸出来，你只管回到你的主题便好。

第四，让对方知道你非常需要他。

这一点是很重要的，它能够在很大程度上调动起对方的积极性。当然，你是否真的需要，那就是另外一回事了。我们的想法就是利用这样的一种接纳，从而抬高对方的自尊，对方一高兴，自然就可以避免把谈话激化，尽可能减少或消除将来的敌对怨恨。甚至你也可以提到，自己工作中的两三个方面，需要你的同事提供意见或指导。

人脉关系也需要保护

在朋友之间总是会说一些"悄悄话",当他把自己从来不告诉别人的秘密告诉你的时候,你自然是一定要替他保守,否则只会害人害己。

有的人尽管与朋友的关系不错,可是当朋友不在面前的时候,就开始随便地把朋友的秘密,甚至是一些隐私公诸于众,结果到头来,他说的话又传到朋友耳朵里去了,势必会造成两人关系的破裂。

刺猬和乌鸦是非常要好的朋友。有一天,刺猬和乌鸦聊天,乌鸦很羡慕刺猬有这么好的铠甲,便说:"朋友,你的这一身铠甲真是好啊,就连狡猾的狐狸都没办法。"

刺猬听了自然是非常高兴,忍不住对乌鸦说:"其实,我的铠甲也不是没有弱点的。当我全身蜷起来的时候,在腹部还是会有一个小眼不能完全蜷起。如果朝着这个眼吹气的话,我就会受不了这样的痒,就会打开身体。"

乌鸦听了之后惊诧不已,没有想到原来刺猬还有这样一个小秘密。刺猬说完之后,又告诫乌鸦说:"我这个秘密只和你说过，你可一定要替我保密，如果传出去被狐狸知道了，那我就死定了。"

乌鸦当时信誓旦旦地说："放心好了，你是我的好朋友，我怎么可能出卖你呢？"

不久，乌鸦便落在了狐狸的爪下。就在狐狸要吃掉乌鸦的时候，乌鸦突然想到了刺猬的秘密，便对狐狸说："狐狸大哥，听说你一直以来都很想尝尝刺猬的美味，如果你放了我的话，我就告诉你刺猬的死穴。"当时，狐狸眼珠子一转，便放了乌鸦，乌鸦便对狐狸说出了刺猬的秘密。

后果可想而知，刺猬被狐狸咬住了柔软的腹部，在临死之前，当它知道是朋友乌鸦出卖了自己秘密的时候，绝望地说："你答应替我保守秘密的，为什么出卖我呢？朋友。"

其实，我们每个人都会有一些小秘密，如果你能够有幸成为这个秘密的听众，即使对方没有嘱咐你要保守秘密，你也不能将它作为茶余饭后与别人闲聊的谈资，这其实就是对朋友最大的伤害，因为这样一来，他会从此失去对你的信任，而你们之间的关系当然也不会再回到以前那种无话不谈的地步了。

朋友把自己的秘密告诉你，你应该明白，这是他对你的信任，对此你只有为他分忧解愁的义务，而没有把这种隐私张扬出去的权利。

如果你不能够把保密作为一种义务、一种责任，而是热衷于流言飞语，把朋友的"悄悄话"公诸于众，当然，如果是无意间的泄露，那么尚情有可原，但也需要你真诚地向朋友道歉，不然的话只会把事情搞糟。而你也会因此会失去朋友,失去周围朋友对你的信赖,最终成为孤家寡人。

可能有的人会非常委屈地说:"在我看来,那根本不是什么秘密啊。"因为隐私本身也是一个相对而言的概念,同样的一件事情在你看来也许没什么,但是对你的朋友来说,意义可能就非同一般了。所以,你要懂得尊重朋友的隐私,不能随意散播出去。

交友之道在于对朋友的忠诚度,人脉关系更是需要保护的,只有相互忠诚的朋友,才能让友谊地久天长,而忠于朋友,为朋友保守秘密,这就是在保护你们之间的关系,让你获得朋友的信任。

马克思在巴黎的时候,就与诗人海涅之间建立了深厚的友谊,达到了"只要半句就能互相了解"的地步。

当时海涅的思想相当进步,写下很多战斗诗篇,夜晚他就会到马克思家中朗诵自己的新作。而马克思和燕妮就一起与他加工、修改、润色,可是马克思从来不在别人面前"泄露天机",直到海涅的诗作在报章上发表为止。为此,海涅也称马克思是"最能保密"的朋友,他们的友谊一直以来都为世人所美慕、称颂。

朋友之间的相处之道,最基本的就是尊重和信任。如果你知道朋友的隐私,那么最好是把它从记忆中抹掉,至少也要管好自己的嘴巴,做到为他保守秘密。否则只能使朋友不快,给你们的友谊涂上阴影。

好人脉需要日常的经营与维护

　　人与人之间的关系是需要靠经常的联系来巩固的。成功者把朋友间的经常问候当成是一种最好的感情投资。经常抽出时间，给朋友打个电话，哪怕发个邮件或短信，给他们一个非常普通的问候，都会让你们之间的关系保持恒温，甚至有的时候还会给他们带来惊喜，因为这表示你非常重视他们的存在。

　　人是具有感情的动物。成功者相信，自己只有在别人的感情账户上做好"日常保养"，这样才更容易赢得对方的信任。

　　人与人之间的感情就是在不断地交往中加深的，因此你要在与朋友的相处当中逐步体现出你的关心、热情和帮助。在平时就表现出对别人的关心和问候，这是非常明智的，只有这样，你才能够在需要人帮助的时候得到别人的帮助。

　　在 2000 年《财富》杂志"全球女企业家 50 强"排名榜上名列榜首的卡莉·菲奥里纳是世界上最优秀的女企业家之一。

　　她也是惠普公司创建 60 年来，历史上第一位女首席执行官。卡莉·菲奥里纳的父亲是联邦法院的法官，她的母亲是一位画家。

童年时代的卡莉·菲奥里纳深受父母的影响，立志要做一名成功的女性。卡莉·菲奥里纳随着父母游历过很多国家，也让她长了不少见识，而最大的收益就是她认识到了朋友多的好处。

在父亲的影响下，卡莉·菲奥里纳到加州大学学习法学，大学期间，卡莉·菲奥里纳经常帮助其他同学，与他们的关系相处得非常好。她后来考入斯坦福大学，可是卡莉·菲奥里纳依然和这些要好的同学常来常往。

在卡莉·菲奥里纳25岁的时候，她加入美国电话电报公司，从事推销工作，并开始崭露头角。随后又到该公司的设备部门，成功地帮助公司在日本、韩国等地建立了几家大型合资企业。

后来由于业绩突出，卡莉·菲奥里纳成为公司北美销售部首位女性总经理。而在朗讯公司成立的时候，她又被任命为公司副总裁。这一任命，也成就了她美国商界最具实力的女性的称号。

但是，眼前的成功并没有让卡莉·菲奥里纳迷失方向，她在老同学、老朋友面前，依然是从前那个小女孩，并且始终会与大家保持着紧密的联系。

然而，当卡莉·菲奥里纳加盟惠普的时候，公司已经有80多个业务分支。年纪轻轻就提升为高级领导的卡莉·菲奥里纳，自然而然地受到了朗讯公司那些资深男性的忌妒，他们根本就瞧不起她。在这个时候，卡莉·菲奥里纳的工作真是困难重重，事业更是举步维艰。

好在卡莉·菲奥里纳拥有很多的老朋友，大学时期的知心同学纷纷为她出谋划策。在大家的帮助、支持下，1999 年 7 月出任首席执行官的卡莉·菲奥里纳，通过整合，提出了新的公司理念：集中精力去考虑顾客的需要，而不是惠普的工程师的要求。

后来经过一番的努力，朗讯公司当年在股票上的收益为 30 亿美元，这样的业绩令卡莉·菲奥里纳名声大振，也堵住了那些忌恨她的人的嘴。

每周抽出一些时间向朋友适时地表达自己的问候和关心，这是加深感情的最佳方式，比如记住对他们来说比较重要的日子等。到时候，如果能去就应该尽量当面祝贺；无法脱身的时候，也要想办法表达自己的祝愿。

日本企业家松下幸之助就是一个注重感情的日常经营和维护的人。他每次看见辛勤工作的员工，都会亲自上前为其沏上一杯茶，并充满感激地说："太感谢了，你辛苦了，请喝杯茶吧。"

正因为在这些小事上，松下幸之助都不忘记表达出对下级的爱和关怀，所以他获得了员工们一致的拥戴，他们也将"松下"做成了国际品牌。

无论是在工作上，还是在交际的过程中，对别人多一份相信、多一份关心、多一份相助，当你在求人办事的时候，谁还会拒你于千里之外呢?

其实,感情就是这样一种奇特的东西,只要你平时注意经营自己的人脉,多在感情方面作些投资,那么势必会不断增加感情账户上的储蓄。

多去帮助别人,自己也能获利

一个只顾自扫门前雪,哪管别人瓦上霜,把帮助别人看作是"自找麻烦"、"自讨苦吃"的人,是不可能有朋友的。

拓展人际关系的一大法宝就是要主动伸出热情的手,去帮助和关怀别人,因为我们的帮助,不仅能够助人一臂之力,而且也可以给对方带来力量和信心,让他们有更大的勇气去战胜困难。也许这对于你来说只是举手之劳,但是对别人来说可能真的是雪中送炭,这样的话,别人对你定会有"滴水之恩,当涌泉相报"的感激。

李晨是一名非常年轻的律师,聪明又勤奋,工作几年后,自己在北京成立了一家律师事务所。在李晨的努力下,他的律师事务所在当地开始有了名气,财富也接踵而来,办公室扩大了,公司的职员也增加了。

可是在股票处于牛市的时候，李晨和许多股民一样迷上了炒股，一念之间将所有的资产都投了进去，最后几乎亏尽。而且更不巧的是，这个时候律师事务所在一个重大案子上出了麻烦，欠下了大笔的债务，他不得不变卖房车还债，最后关闭了律师事务所。

李晨一下子又回到了一无所有的地步，正当他为自己的生计发愁的时候，却意外地收到了一位公司总裁寄来的信。信中说他愿意把公司50％的股份无偿赠送给他，并且旗下的两家公司，随时都欢迎他做终身的法人代表。

当时李晨简直不敢相信自己的眼睛，天下哪有这样的好事呢？他决定弄个明白，他按照信封上的地址找到了那家很气派的公司，接待他的是公司的总裁，但是李晨并不认识他。

那位总裁什么也没说，只是从硕大的办公抽屉中拿出一张皱巴巴的5元钱汇票和一个写有李晨名字和地址的名片，李晨还是没有想起这究竟是怎么一回事。

总裁说："5年前，我来到北京，准备用身上仅有的5元钱去办理一张卡，但是当时我不知道手续费已经涨到了10元了，当排到我的时候，办事处快下班了。当天如果我没办上卡的话，那么我在公司的位置将会被别人顶上，而就在这个时候你从身后递过来5元钱，我让你留下姓名、地址，以便日后把钱奉还，所以你留下了这张名片……"

李晨这才恍惚记起那件事，问道："那后来呢？"

"不久之后，我在这家公司连续申请了两个专利，事业发达起来,本想加倍地把钱奉还给你,但是想到来北京之后工作生活经历了那么多的磨难和冷遇,是你这 5 元钱改变了我对人生和社会的态度,我怎么可能把这 5 元钱轻易地送出呢?现在,我想正是你需要的时候,也是我偿还的机会。"

这个故事似乎包含了很大的偶然性,但是偶然中必然蕴涵着许多必然。当初是李晨用 5 元钱帮助了别人,5 年之后,在他自己遇到困难的时候,也得到了别人的恩惠。这种回报与其说是上帝的赐予,不如说是李晨当初种下了善因,而一个有着善心和善举的人,是应该得到回报的。

换句话说,帮助别人,其实就是在帮助自己。

小王接到电话,说他的太太快要生了,他跳进公司的那辆破车就往外冲。"车爬不上山坡!"同事在后面喊。原来,小王要回家需要过一个山坡,那个山坡很陡,而公司的这辆车已经太老了。

小王边踩油门边说:"没办法,只好试试看了。"

果然,一开始爬坡,车就吃不消了,但还是能慢慢地往上走。眼看就要冲上去了,一个提着木箱的人过来拦车:"能不能载我一程?箱子太沉了。"

· 小王连理也没理他,他心想:"我自己都不一定过得去呢?"就在这时,车停住了,无论他怎么踩油门都无济于事,并且开始往下滑。

小王索性退回去,准备再次冲刺。这次车居然缓缓地爬了上去,小王松了一口气,正兴奋,却从观后镜里看到了刚才拦车的那个人，小王立即满脸通红。

小王回过头来不好意思地说："刚才是你帮我？"

"嗯，你……能不能载我一程，我赶着去帮人接生！"

原来，这位拦他车的人就是要为他的太太接生的大夫。

俗话说："三十年河东，三十年河西。"世事无常，谁也不知道将来会需要谁的帮助，与人方便，自己方便，何乐而不为呢？

埃·哈伯德说："聪明人都明白这样一个道理，帮助自己的唯一方法就是去帮助别人。"是的，很多人在建立和扩大人脉网的时候，都会有一种无从下手的感觉，事实上，只要你能在别人需要帮助的时候，愿意伸出你热情的手，那么你的人脉网就会越来越宽广。

经常问候你周围的人

拓展人脉需要我们去不断认识新人，但是仅仅这样做是远远不够的。因为我们不能够为了结交新朋友，而忘记了维护与老朋友的关系，这样就等于是捡个西瓜，丢个西瓜，最后手里的西瓜还是没有增加。

在小的时候,有首歌唱得好:"结识新朋友,不忘老朋友。"那么,怎么才能证明你不忘老朋友呢?

　　其实,不忘老朋友唯一的方法就是经常问候他。我们知道,人与人之间的感情都是慢慢培养出来的,如果长时间不联系,感情自然会慢慢地变淡。所以,无论你的工作多么繁忙,都要抽出时间给他们打个电话,发个邮件或短信,哪怕是送去一个非常普通的问候,都会让你们之间的关系保持恒温,甚至还会给他们带来惊喜,因为这表示你一直以来都非常重视他们的存在。当某一天,你需要朋友帮助的时候,朋友一定会鼎力相助的。

　　刘备还在读私塾的时候,就经常帮助他的同学。后来,大家分开了,很多同学都疏于联系,可是刘备非常注重与同学保持联系。

　　当时有一个叫石全的同学,是刘备读书时最好的朋友。石全读完书后就回家服侍自己的老母亲,以尽孝道,靠打柴卖字画为生。但是刘备不嫌石全清贫,经常邀请他到自己家做客,共同探讨当时的天下形势。这样的聚会每次都非常融洽,刘备与石全的关系也不断地加强,情若手足。

　　后来,刘备为了实现自己心中的宏伟目标,就带领了一支队伍参加了东汉末年的大混战。可是,在刚刚开始的时候,刘备的军事实力非常小,在一次交战中,所带的军队几乎被全部歼灭,只有他一人逃脱,幸好被石全隐藏起来,才有幸逃过一劫。

如果刘备读完私塾之后就不再和石全联系，那么，后来又怎么会得到石全的帮助呢？所以，要和朋友保持经常性的联系，特别是那些能够对你的事业有所帮助的朋友，更应该与其保持亲密的联系。

比如你应该记住对他们而言比较重要的日子，例如生日、结婚纪念日，等等。我们现在还等什么呢？立即就拿起你手中的手机，拨打你熟悉的号码；或者是发一条短信，或者是滑动你手中的鼠标，轻轻敲打你手中的键盘，送出你的祝福，送去你的牵挂！如果有时间的话，可以邀请你的朋友一起出去野炊、聊天，或者喝杯茶，这样都能够让你们的友谊之树常青。

当然，除此之外，我们也不要忽略突然落魄的朋友，一个人不会永远落魄，也不会一直辉煌，总是在起起伏伏的状态。古人用"三十年河东，三十年河西"来形容一个人地位的变迁，而在如今这样一个快速发展的年代，何止是30年，有的时候3年时间可能就已经今非昔比了。

老李曾经担任一家公司的副总，每到年底，礼物、贺卡就像雪片一般飞来。可是当他退职离休之后，所收的礼物只有一两样，贺年卡更是一张也没有。以往家中访客总是往来不绝，而今年却寥寥无几。

正在他心情寂寞的时候，以前的一位下属却带着礼物来看他。在他任职期间，老李并没有特别重视这位职员，可是最后看他的竟是这个人，瞬间他被感动得热泪盈眶。

就这样，过了两三年之后，老李被原公司聘为顾问，很自然地就重用提拔这位职员。

　　的确，你现在也许因为工作繁忙，已经有很长时间没有问候自己的朋友了，其实这真的是一个不太好的征兆！因为经常不联系、不问候，关系自然就疏远了。

　　所以，在紧张的工作状态下，不要忘记经常向你的朋友表达自己的问候和正面情感，这才是处理人际关系的关键。

　　总之，我们要和朋友保持经常性的联系。经常性的联系，就是指稳定的、持久的、不终止的接触，以便让你们的交情在这种不间断的交流中能够持续升温。不要以为一旦点燃了火种，就可以不必添柴而能够让它永远地持续下去，朋友的交往也是需要不断去滋养和培养的。这样，朋友才能对你的事业，甚至是你的人生，产生巨大的帮助。

好朋友也需明算账

　　我们要与人交往，那么就避免不了扯上利益关系，特别是和好朋友之间谈钱的时候，这种情况也是在所难免的。好朋友之间总是会觉得谈钱就有点对不起那份感情，可是心里又不甘心自己吃亏。所以，亲兄弟还是明算账的好，如果你碍于情面，那么最后吃亏的只能是你自己。

就在几年之前，从东北到北京做生意的李先生，在北京结识了一位非常好的朋友贾某，可是李先生没有想到，最后却被这位朋友坑了个结结实实。

原来贾某独吞了工程款，一对好朋友也反目成仇。李先生每次提起都会非常气愤地说："现在好朋友也要明算账，有生意上的来往一定要有凭证，不然就会和我一样吃哑巴亏。"

在李先生初到北京的时候，在一次商贸洽谈会上认识了贾某，两个人比较投缘成了好朋友。贾某由于工作原因下海，做起了承揽装饰工程的生意。正好与李先生所做的建筑材料生意搭上了关系，结果就在生意上经常有来往。

2005年，贾某揽到一笔业务之后找到李先生，让李先生找二十几位工人帮他做。找工人对李先生来说并不是一件困难的事情，于是他就爽快地应承下来。

装修进行了将近一个月，工程完工之后，装修方也付了工钱，但是这些工钱一分也没落到工人手里。

而工人又是李先生找的，所以工人们都向李先生讨要工钱。这个时候李先生顿生疑惑：不应该这样啊，大家都是朋友，他不会自己把工人的钱给吞了吧？

于是李先生找到贾某想要回工钱，可是贾某总是进行推脱，甚至后来竟然对李先生说："以后不要再向我提起这件事。"

由于当初两个人并没有签订什么合同，也拿不出证据，李先生无奈只得自己掏了工钱分给了工人，自己真是哑巴吃黄连，有苦说不出啊。

当时就是因为李先生轻信了朋友的话,相信朋友不会骗他,最后才被贾某给骗了。由此可见,好朋友还是明算账的好,免得吃亏还落不着好。

其实很多人在创业的时候,都会因为资金或是经验的不足通过一两个朋友一起创业,在创业的初期,可能朋友一开始并不会计较什么。

但是随着事业的不断发展,利益不断增加,朋友之间的计较就会越来越多。当初分工不明确、后来利益不均等都会引起朋友之间的矛盾,甚至会让多年的友情破裂,使朋友成为仇人。

宋华大学毕业之后打算创业,可是由于一个人感觉身单力孤,于是找到她最好的朋友陈岚,就这样,两个人一起在大学旁边开了一家书店。

书店刚开业的时候,由于宋华和陈岚两个人感情不分彼此,所以并没有明确彼此的具体工作。因为她们的想法是,既然这是自己的事业,谁多付出一点也没有关系。

然而当书店正式营业之后,两个从前不分彼此的好朋友经常会为了一些小事争吵。有一次,因为陈岚从市场上进的几套书价格太贵,两个人居然吵起来了。

不久,宋华由于家里装修房子,她只能好几天才到店里来一次。刚开始时,陈岚觉得没什么大不了的,反正都是朋友,多干点少干点无所谓,更何况她现在家里装修也离不开人。但是一个月过去后,陈岚慢慢地感觉好像看管店铺就只是她一个人的事情，觉得自己有点吃亏。

宋华等到装修完回到店里的时候却发现，陈岚把很多以前大家共同商定的东西都按照她的意思做了改动，这让宋华感到不舒服。宋华觉得，自己占有一半股份的书店被陈岚一个人操纵了，于是开始感到不满，两个人内心的矛盾日益加深。

不久后，宋华便向陈岚提出了退股撤资。陈岚一听要撤资，更是怒火中烧，这次两个人的争吵把彼此的所有不满都说了出来。宋华最后还是撤资了，而为此两个人多年的友谊也从此不复返了。

所谓亲兄弟明算账，好朋友之间合伙经营最忌讳的事情就是职责不清。朋友之间很多事情碍于情面不好计较，可是面对利益，有时友情真的是非常脆弱的，很容易就破裂了。

朋友之间还是要把账算清楚，这并不会妨碍你们的友情，相反还会使你们之间干干净净，少了不清不白的烦恼，双方的感情还会不断地加深。

没事的时候多与朋友们联系

在小的时候，父母教育我们要好好读书，经常说的一句话就是"书到用时方恨少"，人际交往其实也是这样。需要帮忙的时候才开始后悔当初没有多结交几个朋友，或者说当初结交的朋友为什么平时自己没有多联系联系，现在需要帮忙了却找不到人了。

谁也不要奢望会出现这样的情况：从来不和别人联系，一旦自己遇到困难的时候，往日的朋友会像有感应似的飞到你的身边来。要知道，人情这东西是需要呵护的。

情感本身就是一种无形的资产，巧妙地运用这种资产，在关系日益复杂的现代社会中，一定会让你收到意想不到的回报。

很多朋友觉得，求人是一种暂时的交易，没有必要花那么多的冤枉心思去搞马拉松式的感情投资，换句话说，社会变化如此迅速，大家都是分布在天南地北，想找也不一定能找得到。

这真是十足的目光短浅的想法，俗话说得好，"平时多烧香，急时有人帮"，"晴天留人情，雨天好借伞"。真正会交友、善于求人的人都是具有长远的战略眼光的，早做准备，未雨绸缪，只有这样，在急的时候才会得到意想不到的帮助。

一个好的人际关系是成功做事的基础，但是好的关系建立则不是一朝一夕就可以做到的，必须从一点一滴入手，依靠平日情感的积累。

有一个业务员曾经有一个客户，只能在每年八月中旬到九月底的时间里见到，因为那是客户所在公司准备财务报告的时期。"除此以外，我和他没有任何其他的联系。"

有一天，这个业务员忽然心血来潮，决定邀请那位客户一起吃午饭。他回忆说："我们一点也不谈生意上的事情，关于这一点我是有言在先。我发现，我们两个人居然喜欢同一位作家。之前，我发现了一位新作家，他的作品和我们喜欢的作家风格非常相近，在我家里有这位新作家的书，我就想把它们送给那位客户以示友好。我把书带到办公室，包装好了以后寄给了他。"

到了后来，他们两个人又经常在一起谈论这个作家以及其他的一些话题。令这个业务员没想到的是，他最后居然从这个客户这里又接到了很多生意。尽管那次午餐纯属业务员无意中想到的，可是为他的业务带来了大量的契机。

还有一个业务员，他每个季度都会给客户寄一些东西。他给他们寄去的不是销售广告信息，而是其他一些与客户有关的信息。比如，他从报纸或者是杂志上看到一篇和他的客户有关的文章，或是关于他们所处行业的信息，他认为他的客户会感兴趣的，于是他就收集了给他们。

在客户过生日的时候，他会给他们打电话，而且会寄生日贺卡。通过这些业务之外的联系，这个业务员和他的客户一直保持着良好的关系，当业务员有事找他们的时候，他们总是乐于合作，而且也心甘情愿地为这个业务员介绍更多的生意。

交友本来就应该是"闲时多烧香"才对。缺乏了必要的联系，时间一长，再牢靠的关系也会慢慢变得疏远了，再好的朋友也会变得感情淡漠，到那个时候再去求人办事做生意，就会不知不觉地有了一些隔膜。

也许你现在不需要他人的帮助，你也有必要和他们随时保持联系。如果你仅仅是在需要他们支持的时候才想起与他们联系，那么很快他们就会有一种被利用的感觉。这样做非但不能够得到他们的帮助，还会很容易损害你们已经建立起来的关系。

法国有一本名叫《小政治家必备》的书，在这本书中教导那些有心在仕途上有所作为的人，必须起码搜集 20 个将来最有可能做总理的人的资料，并且需要把它背得烂熟，然后有规律地按时去拜访这些人，和他们保持一个比较好的关系，只有这样，当这些人之中的任何一个人当了总理之后，自然就容易想起你来，那么，很有可能就会请你担任一个部长的职位了。

这种做法看起来好像过于心机，不太高明，但是确实非常合乎现实的，有一位政治家在回忆录中提到：一位被委任组阁的人受命伊始，心情是非常焦虑的。因为一个政府的内阁起码有七八名阁员，如何物色这么多的人去适合自己？这的确是一件难事，因为被选的人除了有适当的才能、经验之外，最为关键的一点就是"和自己有些交情"。

信任有交情的人这是人之常情，因为彼此有交情，所以相互了解、相互信任，彼此之间如果是没有交情，又如何去了解对方，不了解对方又谈什么信任呢？

中国人在串门落座之后经常会说这样一句话："无事不登三宝殿。"其实这正是交际功夫不到家的一个明显例子。

善于社交的人就会无事也登"三宝殿"，平日很注意与人保持联系。因为他们知道，如果非要等到有事的时候才找人，未免显得太过功利主义，可能惹人反感。

如果昔日一个很久没有与你联系的同事，突然打电话请你帮他贷笔巨款，那么恐怕你感到的不仅是为难，甚至还会有极大的不快。

事实上，你和他人的关系持续的时间越长、联系越多，那么也就越深厚，你所得到的益处也就越多。而且积极的、牢固的关系其中自然包含着给予和收益的双重内容，如果你在不需要他们的时候，还能够持续保持与他们的联系，那么当你真的需要帮助时，他们也很乐意为你施以援手。

要经常和他人保持联系，即使你的联系方式是很简单的，比如一声问候："你好吗？""你的孩子该上初中了吧？学习怎么样？""什么时候来我这里，我们一起吃饭怎么样？"或者是一封电子邮件、一个电话、一张明信片，这些都会让他们觉得非常亲切。

尊重每一个朋友的个性

在与人交往的过程中，人与人之间关系的疏密亲善，其实是由能否彼此互相尊重决定的。你如果把别人当朋友，那么别人才会把你当朋友。你敬对方一尺，对方就会敬你一丈。

在生活当中，千万不要因为一些鸡毛蒜皮的小事，就撕毁了朋友之间的面子。从人的需求上来讲，一个正常的人是需要他人的尊重和敬重的。我们每个人都不可能一个人单独地生活，都需要朋友的友谊，而且获得友谊和朋友都是建立在对他人尊重的基础上的。

人与人之间的相互尊重，在人类社会的交往中起着非常重要的作用。历史上有许多由于尊重他人、发挥他人的聪明才智从而为自己成就伟业的事例。

在战国时期，魏国大将庞涓由于忌妒孙膑的才能而陷害他，最后把孙膑的两个膝盖骨挖掉，致使孙膑不能走路。

齐国国王知道孙膑是一个非常有才能的人，于是就派人偷偷地把孙膑接回齐国，并拜孙膑为军师。齐王尊重孙膑的才华，并没有因为他是一个残疾人而瞧不起他。

在魏国攻打赵国的时候，赵国向齐国求救。齐王封田忌为大将，孙膑为军师，出兵救援赵国。

结果田忌按照孙膑的计策，直接攻打魏国的首都，致使魏国不得不退兵自保，这就是历史上著名的"围魏救赵"的故事。

后来孙膑又运用减灶之法，诱使庞涓中计之后兵败身亡，使齐国名声大振。如果齐王不尊重孙膑，那么孙膑的聪明才智就不会淋漓尽致地发挥，也不可能成就齐王的伟业。

其实尊重他人是一种美德，在日常生活中，人们是需要与别人打交道，尊重和理解他人就显得特别重要。

李成和张涛都是刚刚参加工作的员工。李成是一个性格活泼、不拘小节的人，张涛则是一个细心温和的人。

在刚刚进入新单位的一段时间，大家都十分喜欢他们俩，热心地帮助他们。但是逐渐地，情况发生了变化。

李成觉得大家都变得不太喜欢和自己说话了，可是张涛似乎没有这种烦恼。为什么呢？原来问题就出在平常他与人交往的每个细节里。

特别是当年轻的同事在一起聊天的时候，通常会聊起哪里有好吃的东西，但是不等别人说完，李成总是会迫不及待地突然插话："哪有那么好吃啊！我上次吃了觉得一点都不好吃。"或者"对对，我吃过。"中途经常打断对方的话，这显然是非常不尊重人的。而张涛则会等同事把话说完再发表自己的看法。

和同事交谈的时候,李成总是闲不住,经常做一些小动作:修指甲、打哈欠等。而张涛则会静静地倾听,时而加以评论,他从来不会在听同事讲话的时候,就自顾自去做自己的事情。

每月初单位都要进行一次例会,每个人都要把自己的工作方案在讨论会上展示一下。在别的同事的提案还没有说完的时候,如果李成发现了问题就会立刻站起来发问,这让发言的同事非常懊恼。

特别是在一次讨论会上,同事小王刚刚阐述到一半,李成就发现他的方案中有一处不严谨的地方,于是立刻站起来说:"我觉得你这个地方行不通。"

其实当时大家都已经看出这个缺陷,但是小王很恼火自己的阐述被打断,于是不客气地反驳了李成。两个人争执不下,最后在同事的劝解下才了事。

尽管大家都知道李成的人品不坏,可是他就是不会尊重别人,总是喜欢打断别人的谈话,因此大家都不愿和他交朋友。

当然在这个世界上没有完美的人,人总是会犯一些错误。做人不要只顾着讨论别人,也要衡量一下自己。当你随意揭露别人的伤疤的时候,如果对方采取同样的方式对待你,你心里会怎么想呢?

孟子曾说过:"爱人者,人恒爱之;敬人者,人恒敬之。"一个人在与别人交往的过程中如果能很好地理解别人、尊重别人，那他也会得到别人的理解和尊重。

尊重是一门大学问。尊重别人，就是尊重自己。尊重别人既是一种待人接物的态度，也是一种高尚的道德品质，因为它能够化解人与人之间的矛盾，增强人与人之间的友情。

第十章
驾驭圈子，人脉好才会有业绩

人脉是影响我们每一个人工作业绩的一个重要因素，它甚至与我们的工作业绩成正比。人际关系越好，那么工作业绩也就越好。所以，我们每一个人都应该与每一个客户搞好关系，记住客户的详细资料，了解客户的需求。我们只有让客户满意了，我们的业绩才会逐渐上升。我们相信，只有有了稳定的人脉圈，业绩才会越来越好。

客户不仅是"上帝"，也可能是你的伯乐

乔·基拉德是我们大家熟知的，世界著名的推销员，可是很少有人知道他当初居然是一个口吃患者。乔·基拉德之所以能够取得这么大的成功，很大程度上就是因为他善于总结经验，"250"法则就是乔·基拉德总结出来的。

250 法则的含义是：在每一个顾客的背后，大体上都会有 250 个亲朋好友，这些人又会有同样多的关系。所以，得罪一名客户，也就意味着得罪了潜在的 250 名顾客。换句话说，则能够产生同样大的正面效应。

其实，我们不可能把一个客户看成是一个单一的资源，而应该看成是一个非常大的人脉网，因为每个客户背后总是存在着一张人脉网。

李安娜多年以来一直会去她家附近的快乐超市买东西，可是有一天，她发誓再也不去买东西了。

这一天正好是周末，她像平常一样去超市买日用品和牛奶、饮料。可是李安娜发现，脱脂牛奶没有货了，苹果的包装还是那么大，她有些生气。

李安娜是单身，大袋的苹果是吃不了的。她最害怕发胖，只能够喝脱脂牛奶。而她已经不止一次把她的要求和建议告诉了服务员。可是，超市的做法没有任何改变。

于是，李安娜找到超市的经理，把自己的建议告诉了他。可是没有想到经理扔给她一句冷冰冰的话："我们的超市是面向大众的，不能因为你个人的要求而改变。"

李安娜气极了，她发誓再也不来这里买东西了。

也许这位经理认为失去李安娜一个客户没什么，可是他没有想到，他将会因此而失去李安娜背后的潜在客户群。

假如发生了这一件事之后，李安娜也许会找 10 个人来分享她这种不快乐的经历。假如这 10 个人又分别会告诉给其他的 6 个人，那么这个超市失去的就是 $10 + 10 \times 6 = 70$。再假如这 70 个人每周平均来这里消费 50 元，那么损失就是 3500 元，得罪一个客户，其实就意味着每周损失了 3500 元。

这些数字足以叫人产生警惕性，但是这些数字我们还仅仅是一种保守估计而已，一位顾客事实上每星期绝对不止花 50 元用于购物。所以失去一个顾客实际上造成的损失远远要比这些数字大得多。

可见，如果你在一个客户心目中留下一个不好的印象，或者是如果你伤害了某个自以为无关紧要的客户，那么你就大错特错了，因为可能这个客户所有的朋友都不再会相信你了。即使你花再多的精力去说服他们，即使你找来了更多的理由来为自己进行辩解，都很难挽回这个局面。

所以，我们千万不要轻易伤害任何一个客户的感情，培养和发掘客户背后的客户，这才是最精明的做法。

创业离不开根系发达的好人脉

在商业社会当中，一个人要想创业、做生意，首先就需要有人脉；有了人气，才会有财气；一个人只有积累了人脉资源，才有可能创业成功。所以，人是事业开展最重要的因素，也是成功与否的关键因素。

技术、资金、人脉是创业的三大条件。如果你有了足够丰富的人脉资源，那么资金和技术问题就能够迎刃而解了。但是如果在创业前期不能够积累丰富的人脉，在经营中就难免遇到让你措手不及的情况，以及各种理不清的关系。可能仅仅只是一个小小的细节，也许就会因为缺少人脉而造成无法挽回的损失。没有丰富的人脉，有些问题你是真的无法解决的。

王阳大学毕业就和父母要了 10 万块钱，投资了一家小型的电脑公司。虽然在开业之前，王阳进行了市场考察，而且他自己以前也从事了几年的相关行业，可是，公司一开张，王阳就连连遇到了难题，一些小关节上出了问题都会让他手忙脚乱。

结果，10万块钱就这样打了水漂。

创业的失败，王阳不但没有总结教训，还以为是自己从事的这个行业竞争力太强所导致的，感叹自己生不逢时。王阳的爸爸的同事知道了，居然一语道破天机："没有人脉，就是生意送上门也要砸掉。"

有些创业者把账算得非常清楚，形势也分析得头头是道，但是看别人赚钱容易，轮到自己的时候却全然不是那么回事了，反而那些外行的人，能力不如自己的人，倒是把生意做得有声有色，究竟是什么原因呢？因为人家有人脉。

陈冰是某市一家餐厅的老板，他的餐厅也是那个市里发展最快、最具规模的。到底是陈冰更具有做生意的天赋呢，还是他有强硬的后台呢？当朋友和同行们问出这些问题的时候，陈冰说："统统不是。事实上，我不比其他人厉害，我只是有最佳的人脉关系。"

"原来在做餐饮之前，我就很注意同餐饮业相关的人员打交道。到我开始做餐饮的时候，这些人已经是我的好朋友了。在他们的帮助下，我才能够非常顺利地开展生意。在这期间，我继续扩大自己的交际圈，这些人里有捧场的、帮忙的、解决难题的，他们都给了我很大的帮助。没有他们，我一个人根本不可能创下这份家业。"

"即使是现在，我也会经常和这些新朋旧友聚一聚，关系还很密切。我们互帮互助，相互提携，大家都很开心。事实上，我自己认为，从某个方面而言，这些人才是我最大的财富。"

一个人的人脉资源越丰富，那么他赚钱的门路也就越多；人脉资源越宽广，那么做起事来的时候也就会越方便，效益就会越稳固。反之，如果没有人脉，无论你有多大的本事，有多少金点子，有多么雄厚的启动资金，创业之路也依旧会因根基不稳，导致困难重重，无法在强手如林的竞争中立足。

人脉可以说是你的衣食父母。不管你现在是上班族，还是创业者，在你的行业领域内，一定要多认识一些人才，多拜访一些客户，成功地和他们建立业务关系。

除此之外，三教九流的人你都应该去打交道，你不仅要学会和他们打交道，还要学会和他们做朋友。当枝繁叶茂的人脉大树成长起来的时候，你的创业之路自然就会变得容易许多，财源也会滚滚而来。

把你的竞争对手变成你的朋友

"8个企业老板开着8辆车，带着各自的家人和孩子在田间玩得不亦乐乎。像这样的聚会对我们来讲是家常便饭了。"当你看到这句话的时候，你可能认为这是什么人与自己的好朋友一起出游呢，其实这是曾旭光和他的竞争对手，也就是温州服装企业的老总们的一次出游。

温州很小，可是服装企业特别多，虽然说同行如冤家，但是温州服装界的老板之间的关系有些另类。他们既是竞争对手，又是合作的朋友。

曾旭光在温州服装界中的好人缘是有口皆碑的，为人豁达开朗的他闲来无事就会拿起电话打给乔顿、百先得、森马等企业的老总相约喝茶聊天。

"虽然是竞争对手，但是每家企业的情况还是不太一样的，约在一起不外乎就是交流信息，谈谈对业界发展的看法。温州的服装圈可能与其他行业有点儿不同，我们常常会因为某个项目或者某个投资而走到一起，这可能也是温州企业家的一种特性，所以，我和我的竞争对手们基本上都维持着比较好的关系。"曾旭光说起他的这些竞争对手的时候，似乎更像是在说他自己和他的好朋友们，"我们见面的次数很多，如果没有出差，几乎一个星期就要碰个两三次。我们还有一个共同的爱好，就是喜欢寻找特色店享受美食。如果一个人发现了什么好吃的地方，那么就会马上通知其他的人。"

这哪里像是对手，简直就是朋友。商场上是对手，商场下是交情，对手拼的是实力，而朋友则靠的是共享。通过竞争，优胜劣汰；通过交流，互相提高，实现共赢，避免恶性竞争。

伍健贤，在任飞利浦照明的亚太区市场部总监的时候，有一天，老板把他叫到办公室，给他倒了一杯水，双手递给他说："伍健贤，你想不想当总经理？"伍健贤一听，心里非常高兴，谁不想当总经理呢。于是当年，他在离开美国的时候，就给自己立下了这样的目标。"澳大利亚地区缺一个总经理，你愿意去吗？"

"好啊，好啊。"伍健贤根本没有想到前途艰险，非常痛快地就答应了。

于是，老板马上从抽屉里拿出一份聘书："去吧。还有新西兰，你可以兼做这两个国家的总经理了。"伍健贤接过聘任书，手突然发起抖来：因为这两个地方的经营状况好像不是非常的理想。

老板忙不迭地说道："伍健贤，是不是不想去那儿呢？这机会多难得呀。虽然澳大利亚已经亏了15年，但是我觉得，你如果去的话，即使再亏，也亏不到哪里去。"伍健贤听完之后哈哈大笑，心里想："那我就去那边感受一下日光浴和海滩吧。"

到了风光秀美的澳大利亚，伍健贤却怎么也笑不出来了。原来那边公司的情况非常不好，公司的账面亏损严重。而且他发现，并不是公司产品质量和价格的问题，而是渠道压根儿就没有铺开。"我们几乎没有能力将我们的产品发放到每一个澳大利亚小区。由于当地住宅极其分散，如果不能全部撒网，那么根本是不可能赚钱的。"

于是伍健贤想出了一个主意，就是把当时的竞争伙伴邀请到公司来。"我们要跟他们一起来做市场。把我们的货物放在他们的渠道上。分销网络、物流系统等都可以让竞争者来搞，我们则完善自己的品牌建设。"

在开始的时候，几乎所有的人都认为伍健贤是一个大傻瓜。大家说，这不是等于公开自己公司的所有秘密了吗，就是连竞争对手也大为惊讶。

结果在三番五次的谈判之后，竞争对手同意了，飞利浦照明的产品开始走上对方的轨道，随之，公司的业绩也奇迹般上去了。

"一年之后，公司扭亏。公司在开 Party 庆祝的时候，很多在澳大利亚工作多年的员工，都流下了眼泪。"伍健贤说。

其实，同行之间的互相打压、钩心斗角，到最后也不过是你方唱罢我登场，最终的赢家少之又少，往往就是两败俱伤。

竞争对手，并不是我们天然的敌人，恰恰相反，因为大家所从事的行业相同，不但可以互相交换人脉资源和行业信息，而且还可以互相联合，壮大自己的实力。伍健贤就是用自己的方式，把对手变成了自己的财神爷。

追随了李嘉诚二十多年的洪小莲在谈到他的合作风格时，说："要照顾对方的利益，这样人家才愿意与你合作，并且希望下一次合作。凡是与李嘉诚先生合作过的人，哪个不是赚得盆满钵满。"

有人说，在李嘉诚的生意场上，朋友多如繁星，几乎每一个仅有一面之缘的人，都可能成为他的朋友。可以说，李嘉诚在生意场上，只有朋友，没有敌人，这不能不说是个奇迹。

李嘉诚的经验也告诉我们，照顾竞争对手的利益，并不是吃亏，而是共赢，在获得自己利益的同时，还能够为自己留下了一笔"人情储蓄"。

有的人说，一个善于交际的人必定是一个善于合作的人。其实在合作的基础上竞争，在竞争的基础上合作，这已经成为了人际交往的基本态势。如果只讲究竞争，而不顾对方的利益，那么竞争必定是不择手段的恶性竞争或无序竞争，那么人际关系的和谐也就无从谈起了。

用握手拉近彼此间的距离

西方的一些政治家认为，说话一百句，不如用力握手一次。用力握手一次，手的温度和力度就可以把你的情感快速地传达给对方，握手可以缩短与对方的距离。一些国外政治家在选举期间总是会与选民见面并握手，因为比起聆听冗长的演讲来说，选民通常会将神圣的一票投给和自己握过手的候选人。

可见，这种握手的沟通方式，比起利用语言的沟通方式更具有影响力。一般来说，握手可以传达出三种基本态度：支配性、顺从性、平等性。

握手的时候，如果你的掌心向下，那么你就会传递给对方一种支配性的态度；如果你的掌心朝上，就会传达给对方一种顺从性的态度。

如果两个人都想处于支配的地位，那么，一场象征性的竞争就要开始了。而这样的结果就是两个人的手掌都会处于垂直状态。

在某些情况下，采用手心向上的握手方式往往更容易让人愿意与你接近。无论哪种握手方式，所表现出来的效果都不是绝对的。

我们必须在握手的时候注意一些基本的礼节：

◆握手要讲究伸手的次序。一般来说，应该是地位较高的人先伸手。

◆握手的时候不要心不在焉。我们经常会看见有的人与他人握手的时候左顾右盼、心不在焉，或者一边同人握手，一边又与其他人打招呼，这些都是不礼貌的行为，是对对方不尊重的表现。正确的做法是：与人握手的时候，两眼正视对方的眼睛，以示专心、有诚意。

◆不要握手时间太长。有的人喜欢握着别人的手问长问短，唠唠叨叨没完没了，这种行为看起来是一种热情，实则过分。特别是对异性，更不能长时间握着人家的手不放，那么多长时间比较合适呢？一般三四秒钟即可。

◆不要戴手套握手。有的人习惯戴手套，可是在握手的时候，必须把手套摘下来。在有些地方，女士被允许戴手套与人握手，其实摘下手套也并没有失去自己的身份。

◆不要用左手握手。除非右手有不适之处，否则，绝对不要用左手与他人握手。特别是外国朋友对这一点是非常在意的。

◆不要不讲"度"。我们在做任何事情的时候都存在一个"度"的问题，握手也不例外。有的人为了表示自己的热情、真挚，在与人握手的时候，使劲用力，这种做法不仅会弄疼对方，甚至还会显得粗鲁。

与此相反，有的人，特别是个别青年女性，她们为了显示自己的清高，只伸出手指尖与人握手，而且一点儿力也不用，这种做法当然也是有失妥当的，让人觉得她们过于冷傲、敷衍。显然，过重过轻都是不合适的。

怎样才适度呢？礼仪专家们认为，正确的做法是用手掌和手指的全部不轻不重地握住对方的手，然后再稍微上下晃一下。

◆不要过分客套。有的人不管和谁握手，都一个劲儿地点头哈腰，这样做，明显就会让人觉得是过分客气了。在与人握手的时候，应该同时致以问候，如果受到条件限制，不允许出声，那么点下头也可以。当然，在对上级、长辈或者贵宾的时候，为了表示我们的恭敬，在握手的时候，可以稍微欠一下身。

◆不要交叉握手。在有些场合，需要握手的人可能会比较多。当我们碰到这种情形，可按由近及远的顺序，依次与人握手。切不可交叉握手，特别是在和西方人打交道的时候，更应避免，因为交叉必然会形成十字架的图案，这在西方人眼中认为是最不吉利的事情。

◆不要采用击剑式的握手。所谓击剑式握手，就是在跟人握手的时候，不是正常、自然地将胳膊伸出，而是像击剑式地突然把一只僵硬、挺直的胳膊伸出来，且手心向下。

显然，这是一种非常让人感到不愉快的握手形式，它给人的感觉是鲁莽、放肆、缺乏修养。僵硬的胳膊，向下的掌心，都会给对方带来一种受制约感，所以，彼此之间是很难建立友好、平等的关系。所以，当我们与他人握手的时候，应该避免使用这种握手方式。

善于使用网络激活人脉

如今 QQ 等通信工具已经可以让我们沟通无阻了，而个人博客、论坛、网站等网络手段，则更为我们打造了一个展示自我的平台。

比如说，你是一个旅游爱好者，那么就可以把旅途见闻写下来，贴到博客上，把你拍的满意的照片上传到空间，这样就可以和更多的人分享你的所见所闻，交流心得。

才华展示的目的就是让更多的人能够认识你、赏识你。所以，如果表现不佳，那么自然就会起到相反的结果。换句话说，个人博客、网站也并不是适合所有的人。

如果你的博客空洞无物，却硬让朋友去捧场，人家反而会感到反感。如果你觉得自己资质平平，写不出好东西来，我们还是可以选择转载。

我们经常能够看到一些观点犀利的博客，或者就热门新闻发表一些有争议话题的网页，往往存在着很高的点击率。我们可以多研究一下他们的博客，你完全可以选择把好的帖子转载过来，借花献佛，通过这种宣传，就可以让你的朋友知道你的思想取向，还会提升你的人气，这真的是一种非常不错的选择。

博客其实是一个展示才华的地方，并不是哗众取宠的地方。大多数人的才华一般，驾驭文字的水平一般，这时候我们就可以多利用图片说话。当然，你也可以做一个专题性的博客。比如，你是一个养花爱好者，就可以从各个网页上收集花的知识，这也是聚集人气的方法。

博客还应该体现出你的职业、爱好，让别人通过博客能够认识到你的能力，最好的办法莫过于把自己的工作成果或你的观念、理念，一些研究成果、理论心得贴上去，让更多的人点击你的博客，认识你的能力。

我们建立个人网站博客需要有恒心，网站、博客建立后，因为内容或者宣传等原因，访客很少，缺少互动，可是博客或个人网站需要我们经常更新打理，时间一长，这也是一件让你感觉枯燥的事情。

所以，许多博客、网站往往都是不了了之。作为普通人，我们的博客点击率不会太高，最主要的是能够通过这个途径认识一些朋友，拓展你的人脉。

为此，你完全可以把博客建成一个信息基地，为朋友们提供一些实质性的帮助，这样你的博客建立的才是有意义的，不然只是家长里短的小打小闹，那么朋友也就会失去了鉴赏的热情。

有的朋友为了增加人气，甚至会到处链接自己的博客地址，为了让朋友回帖评论，我们自然也应该去评论别人的博客。可是如果这仅仅是一种交换的手段，天长日久就会成为一种负担，失去了建立博客的意义。

建立人际关系最好的方法是什么呢？最有效的方法就是亲自组织一些聚会或者论坛，做好主持、接待等工作的同时，自然也就培养了自己的人际关系。

首先可以在网上建立一个个人空间，并且经常从专业角度在这个空间里发表或转达一些有关自己关注领域的信息。然后再和同样对这些问题感兴趣的网友们一起建立一个网上论坛，并且经常组织这样的活动，慢慢壮大自己的论坛。

最近几年，在现实生活中活动的许多社团或聚会将阵线都开始转移到网上，在网上建立自己的论坛或群也成为了一种潮流，而且，网上论坛也可以起到一种桥梁的作用。有意加入某一社团或聚会的人可以先通过网上的群或论坛了解一下这个社团的性质，在留言板上提些问题，然后再决定要不要参加这个社团。

通过互联网还有一个好处就是可以最大范围地从社会各个

阶层招到会员。平时你可以把自我介绍以及自己平时所关心的领域一个一个整理到个人空间上；把有关自己的事情有条有理地告诉大家，并将其系统化。

当个人空间的访问者逐渐增多的时候，便可以将其扩大成论坛或者群了，当然我们也不要忘记，在适当的时候将在网上的会员们聚集到现实生活中来，这样才能真正地形成人际关系。

实现共赢，学会分享

首先，让我们来看一看李嘉诚的生意经：

假如一笔生意你卖 10 元是天经地义的话，而我只卖 9 元，让他人多赚一元。从表面上看，我是少赚了一元，或者可以说是亏了一元，但是，从此之后，这个人还会和我做生意，而且交易也将变得越来越大，甚至还介绍他们的朋友与我做生意，朋友又介绍朋友来与我做生意。所以，我的生意越来越多，越来越大，我的朋友圈子也越来越广。

当你分享的东西对别人有用、有帮助的时候，别人自然会感谢你。你愿意与别人分享，有一种愿意付出的心态，那么别人就会觉得你是一个正直的人，别人愿意与你做朋友，愿意与你打交道。

朋友可以免费帮助你一次、两次，但是你不能够指望朋友帮助你一辈子。或者说，你不能占别人一辈子的便宜。当朋友给了你好处的时候，你就应该相应地回报同样的好处。

曾经有一个人借了朋友10000元钱，5年之后才还。不久，这朋友生了一场大病，又来向他借钱，结果这位朋友就以无钱推托，分文未借。

如果每个人都只想从别人的身上捞到好处，造成的后果就是，朋友之间失去了最起码的信任。其实，朋友就是为了某种共同的生存需要才出现的，谁也离不开谁。朋友之间要互相帮助，这样才能生存，要懂得共赢，才能赚大钱。

有的人会说，我从朋友那儿赚到钱，我再以同样的钱还给朋友，那我照样不是一无所有吗？其实朋友就是资源共享，大家可以共同分配的资源越多，那么赚到的也就会越多。更何况，我们交换的不可能是同样的一种东西，可以进行资源的交换和组合，最终实现共赢。举个例子来说，你有地，我有种子，你出地，我播种子，这样才会生产出粮食。

一个人办不成的事情，两个人、三个人也许就能够办成。但是人心不齐，人多不但办不成事，反而还会坏事。

我们交朋友要交那些愿意和我们一起共享利益的人，你可以分享的越多，那么你的朋友就越多，你的收益就越大。没有朋友的帮助，你的收益可能就是零；当有了朋友的帮助，无论收益是多是少，肯定不可能是零。

当然，对于每个朋友来说，我们需要用不同的方式来表达我们的感谢。有的朋友直来直去，利益和感情分得非常清楚，这并不说明他和你只有利益关系，同样他也会在意朋友之间的感情；有的朋友不喜欢你和他谈钱，但是这也并不代表这种朋友就不需要利益共享，他需要的可能是一种更为含蓄的回报。

齐鸣向朋友借了5000元钱给他的母亲看病。他一直要还钱给朋友，可是朋友说："我知道你现在手头紧，等到你哪天发财了再还我吧。"齐鸣知道这是朋友的真心话，不再说什么。

过了一段时间，齐鸣有个客户正好需要一批货，而齐鸣知道朋友的公司正好经营这类产品，于是极力推荐他使用朋友公司的产品。齐鸣说："就当这是我付你的利息吧，欠你这么长时间的钱，我心里实在不好过。"

其实，朋友的共赢就是如此。你来我往，朋友本来没有让齐鸣还这笔钱，但是齐鸣连本带息地还给了朋友。如果你是齐鸣，那么大家也都愿意借钱给你。

曾经有一个美国牧师在讲课的时候讲了这样一个故事：

一位士兵从战场前线回到国内，他先给父母打了个电话："我想将一位朋友带回家，他在战争中失去了一只眼睛、一只手和一条腿，无家可归，可以吗？"父母回答说："不可以，他最好去伤残的军人医院。"

结果在第二天，父母就得到了儿子自杀的消息，见到儿子的那一刻，他们发现，儿子正是那个失去了一只眼睛、一只手和一条腿的人。

这个故事给我们带来了强烈的内疚效应，我们不帮助别人，在我们落难的时候，自然就不会有人帮助我们。我们帮助的人越多，那么得到同样帮助的机会就会越大。

超越客户的期望值

对客户，如果你能够做到满分 100 分，那么顾客的满意值也就是满分 100 分。可是如果你能够做到 110 分，那么你将会因此而赢得更多的客户资源。因为这个客户一定会忍不住把你告诉给他身边的朋友。

有一次，德国经销商史密斯先生打电话要求海尔必须在两天之内发货，不然的话订单自动失效。

可是当时正是星期五下午 2：00，两天之内发货实际上就意味着当天下午就必须把所有的货物装船，如果按照海关等有关部门下午 5：00 下班的时间来计算的话，时间就只有 5 个小时了，可是按照一般的程序，做到这一切几乎是不可能的。

可是海尔公司别无选择，他们绝对不能对市场说"不"。面对着顾客几乎苛刻的要求，海尔公司的员工没有任何借口，一定要坚决执行，确保货物在当天下午发出，就这样，几分钟后，船运、备货、报关等几项工作同时展开了，而所做的一切就是为了确保货物在当天下午一定要发出。

时间渐渐逝去了，一分钟、两分钟、十分钟……空气仿佛变得凝固起来，每个人都全神贯注、争分夺秒地投入到了工作当中。调货的、报关的、联系船期的……

当天下午5：30，当史密斯先生得到了来自海尔公司"货物发出"的消息之后，改变了史密斯先生十几年来的一种观念。他立即发来了一封感谢信说："我做家电十几年了，还从没有给厂家写过感谢信，可对海尔，我不得不这样做！"

信守自己的诺言，不管遇到什么情况都应该要求自己做到最好，虽然这在很多情况下已经超越了客户的期望值。但是，如果遇到比较难缠的客户，我们能够抱以同样的态度，那就意味着超越客户期望值的难度会变得更加困难。

大家可能都有过这样的体会，在生意场上，我们难免会遇到各种各样的顾客，有的比较随和，有的比较冷漠，有的非常挑剔，有的喜欢抱怨，有的特别刁难……任何一个人，就人情而言，自然比较喜欢那些随和、不挑剔的顾客，可是对于其他类型的顾客，也要同样欢迎，甚至应该心存感激，并且力争自己所做的超越客户的期望值。

那是一次世界性的比赛，有一位来自意大利的记者在信息栏里寻找前几天的比赛结果时，结果因为工作人员没有按照时间顺序摆放前几天的成绩公报，于是他就对着工作人员大发牢骚。工作人员安静地听完之后，向这位意大利记者微笑着表示了歉意，等到 5 分钟后记者再去信息栏时，发现所有的成绩单都已经整齐有序地重新摆放过了。

一个公司，因为自己的产品或者服务好而得到顾客的称赞固然可喜；可是即使遇到难缠的顾客，被挑剔、抱怨，甚至是一种"欺负"，我们也应该能够保持欢迎的态度。因为，这些都会成为以后不断改善、前进的动力。

对待顾客，没有最好，只有更好。你的服务即便已经达到满分了，也仍然有很大的上升空间，力争超越客户的期望值，他们才会"死心塌地"地一路与你同行。

利用自己的优势吸引客户

什么是优势？就是自己擅长而别人一般不具备的一种能力。在与别人相处的时候，如果你能够用你的优势吸引别人，那么你们之间的关系无形中自然就可以得到改善。

与客户谈生意，特别是初次见面，顾客难免有很大的戒备心理。在这时候，如果你能够用什么优势来吸引他的眼球，那么你们之间的陌生感就能够很快消除。

王超是一名业务员，他擅长给人看手相。所以，为了吸引顾客，他每次出门拜访客户的时候，都会随身携带着看手相用的放大镜。

与顾客见面后，他就将放大镜与商品简介一起拿出来。如果顾客专心聆听说明，自然只会注意到商品简介，就不需要使用放大镜了。可是如果顾客无意购买，就会心不在焉，视线自然会四处移动，当顾客视线落在放大镜上的时候，王超便顺势拿起来，提议说："这是看手相用的放大镜呢。"而顾客一般多会说："哦，你对这个还有研究？"王超就信心满满地说："看个手相吧，不收钱的！"通常百分之百的顾客都会好奇地答应，于是，他便拿起顾客的手客串临时的算命先生，帮顾客测个手相！

一方面由于王超懂一些医学知识说得比较准，让顾客顿时就产生了可信赖的感觉，另一方面则经由肢体上的接触，顾客与王超之间那道心墙很快便消失殆尽，聊着聊着就与客户成为了朋友。

也许正是这面放大镜的功劳，让王超的业绩始终名列在公司所有业务员之首。不过王超并不是每到一个客户就给人算命，只有当顾客对放大镜感兴趣的时候，他才提出看手相的建议，这样就能够紧紧抓住顾客的注意力。

身为推销员，就应该兼通十八般武艺，虽然培养一项特长需要投资不少本钱，不过，如果能够在推销的时候派上用场，那么这绝对是非常划算的买卖。

实际上，我们每个人都有一定的天赋，再加上个人的爱好，如果能够在适当的时候发挥一下，说不定就会有意想不到的收获。

刘学义是一位美国席梦思床的推销员，他擅长唱歌，甚至在小的时候还做过歌星梦。有一次，他到一个美容院去，店里的人一个个都忙得团团转，根本没有顾得上他，他对此早已习以为常，并不介意。

他只是大声说："我是来贵店推销美国进口的席梦思床的，各位尽管工作，只要把耳朵借给我就好。"在场的人当时并没有表示欢迎，但也没有赶他走的意思。这个时候，电视里正在放一首歌，有人说："我们要听歌，没有时间听你说话。"

刘学义却厚着脸皮自我推荐："电视里唱不如现场演唱过瘾，我虽然是业余歌手，但是绝对具有专业水平，不信你们随便点一首，我给你们现场表演。"

大家一听，就开始七嘴八舌地点歌了，有的人还起哄说："要是你唱得好，我们就买你的床。"

于是，刘学义开始卖力地唱，有经典老歌，还有最近流行的新歌，并且不时得到大家的好评。结果，刘学义在这家美容院卖掉了6张床。

当然，用自己的特长来吸引客户，并不具有一定的普遍性，只能作为与客户交往时的一个花絮，在恰当的时候表现出来。

再或者说，毕竟不是每个人都能够在公众场合展示特长的，比如你擅长打篮球，或者是踢足球，那样就只能在碰到一个有着同样爱好的客户的时候，拿来做话题聊一聊。

看手相也好，唱歌也好，这些都不是直接拿来就能够套用的技巧。关键在于你把自己的强项推销出去，让客户对你产生好感，当然，你展现的特长一定要够"专"，不然的话，不仅起不到积极的作用，还会遭到厌恶。

像朋友般关心你的客户

人类都是感情动物，客户自然也不例外。如果我们能够与客户从单纯的业务关系上升到朋友关系，那么双方自然也就能够像朋友一样互相照应，那么我们完成销售肯定也会事半功倍了。

要想让客户成为自己的朋友，首先我们要像朋友那样去关心客户。只有你把客户当成了朋友，你成功的机会才会越来越多，路才会越走越宽。

王云强一直以来都想买一辆黑白相间的轿车，虽然这个想法已经很久了，但是今天他终于有足够的钱来实现他的愿望。王云强走进了一家汽车销售公司，但是那位推销员表现得心不在焉，似乎根本没把他当回事，于是他觉得很不舒服，转身就走了。

但是当他刚迈进第二家汽车店的时候，立刻就被这位推销员真诚的笑容打动了。推销员十分热情地向他介绍了各种型号汽车的性能和价格，使他感到十分满意。

　　在和这位推销员交谈过程中，他无意中提到今天是他的生日，结果这位推销员马上请他稍候一会儿。几分钟之后，这位销售人员带来一束鲜花，对他说："虽然我们才认识，但是我想以朋友的身份祝你生日快乐！"

　　这一举动让王云强十分感动，最后他毫不犹豫地购买了那位推销员向他推荐的一辆黄色轿车，而让自己放弃了要买一辆黑白相间轿车的想法。

　　其实，这位推销员的高明之处就在于他在做生意的时候，懂得用情感作为基础，为单纯的买卖赋予了极大的人情味，这样更容易让顾客产生深深的信任感。

　　我们经常听一些老业务员这样说：办理业务在很大程度上来看就是处交情。所以，在与客户谈合作的时候，一定要有意识地放进浓郁的情感，与客户建立友好的关系，让他对你产生朋友式的信任感。这样，有了人情在，那么就不怕业务谈不成，生意做不大。

　　唐爱萌毕业之后留在北京一家银行工作，几年之后，她升任为该银行一家分理处的总经理。

　　但是，从2007年上半年开始，分理处的业务量明显下降。作为总经理，唐爱萌为了改善这一局面，她提出了"要做工作先学会做人"的观念，于是拿出对待朋友的真诚与客户建立朋友关系。

7月，一位外地建筑公司的老板有少量业务在分理处，通过柜面的交流，唐爱萌与他交上了朋友。这位老板是一位江西人，刚来北京不久，人生地不熟，唐爱萌除了在业务工作上为他提供帮助外，还主动帮助他做了一些分外的力所能及的事情。而且在他生日的时候，还会送去蛋糕与鲜花，让他感受到了朋友的真诚与温馨。

一天早上，唐爱萌见这位老板匆匆忙忙地来到分理处，脸色不太好，便主动询问是不是发生了什么事。老板说，他爱人生病了，来取点钱去医院。唐爱萌马上帮他提取了现金，并说："我正好有朋友在医院工作，我陪你爱人去看病，有什么问题也更加方便。"

人心都是肉长的，这位老板从此之后就把唐爱萌当成了无话不谈的好朋友，把几百万的业务都放到了分理处。

不仅这样，他还介绍生意上的朋友把业务放到这里来。唐爱萌通过与这些私人老板交朋友，可以说一下子就拓展并稳定了一大群大客户。当然，这些客户也都成为了唐爱萌的朋友。就这样，分理处在唐爱萌的带领下，业务自然是蒸蒸日上，形成了良性发展的好态势。

可见，真诚的关心是赢得人心最有效的法宝。你想要别人如何对待你，那么首先你就要以同样的方式对待别人。要想客户像朋友一样支持你，那么就请学着像朋友一样去关心客户吧。

第十一章
跳出圈子,让小人脉变成大人脉

由于如今的人们越来越多地被工作压力所困,所以很多年轻人总是抱怨自己认识的人太少,抱怨认识的都是身边的一些人。那么怎么才能够让自己的小人脉变成大人脉呢? 其实这一点并不难,如果我们仅靠自己去结识大人物是很困难的,但是我们不妨通过自己的同学、同事、老板甚至老乡,这样我们就能够事半功倍了。

世上没有陌生人，只有未结识的朋友

　　人与人的交往都是从陌生人开始的，而这就需要主动向他人示好，主动向一个不熟悉的人示好，表达想与其交往的愿望，这样才容易被对方接受，并且也会得到对方友好的表示。这样双方才能够有条件实现交往，成为朋友。

　　有一个人在一天晚上百无聊赖，于是就沿着公园的道路一个人无所事事地闲逛。这个时候，一位五十多岁的老者迎面走过来，亲切随和地同他打招呼、搭话。

　　对方的友好让他顿时非常愉快，两个人聊得很投机、很痛快，直到很晚两个人才恋恋不舍地话别。从此之后，这两人的关系一直很好，成为了忘年交。

　　其实，这种让人羡慕的关系就是主动示好形成的。在现实中，不要说关系较远的人，就是自己身边的同事、邻里也有的人会冷漠相向，视而不见。这种状况，你又怎么能够交到更多的朋友，扩展强大的人脉圈呢？

　　许多人在谈生意的时候，同陌生人说话就会感觉非常拘谨。建议你先考虑一个问题，为什么你跟老朋友说话的时候不会感到困难?原因很简单,因为你们已经非常了解了。相互了解的人在一起,自然就会感到愉快而轻松。而面对陌生人却是一无所知,特别是进入了一个充满陌生人的群体当中,有些人甚至就会出现不自在和恐惧的心理。为此,你一定要设法把陌生人变成老朋友,一定要勇敢地走出第一步。走出第一步的关键就是消除面对陌生人的恐惧心理。

这里以你到一个陌生人家去拜访为例:如果有条件,首先应该对拜访的客人作一些了解,探知对方的一些情况,比如关于他的职业、兴趣、性格之类等。

当你走进陌生人的住所时,你可以凭借你的观察力看看墙上都挂了一些什么,国画、油画,还是乐器?家里养的是什么花,桌子上摆的是什么工艺品等,这些其实都是可以推断主人的兴趣所在,甚至一个物品就会牵引出一段故事。

如果你能够把它当做一个线索,那么就可以由浅入深地了解主人心灵的某个侧面了,当你抓到一些线索之后,就很容易找到开场白了。

当然,也许你不仅仅是要见一个陌生人,而是参加一个有很多陌生人的聚会,即使这样,观察也是必不可少的。你不妨先坐在一旁,耳听眼看,根据了解到的情况,决定你可以接近的对象,一旦选定之后,不妨走上前去向他作自我介绍,特别对于那些和你一样的,在聚会中没有熟人的陌生者,你的主动显然是很容易受到欢迎的。

在你决定和某个陌生人谈话的时候,首先应该先介绍自己,给对方一个接近的线索。当然，你也不一定先介绍自己的姓名，因为这样人家可能会感到有些唐突。不妨先说说自己的工作单位，也可以询问对方的工作单位。一般情况，你先说说自己的情况，人家也会相应告诉你他的一些情况。

接下来，你可以问一些有关他本人的，但是又不属于秘密的问题。对方是有一定年纪的，你可以问他的子女在哪里读书，也可以问问对方单位一般的业务情况。对方谈了之后，你也应该顺便谈谈自己的相应情况，才能达到交流的目的。

在面对陌生人的时候，我们要比对熟人更加留心对方的谈话内容，因为你对他的了解是非常有限的，所以更应当重视得到的线索。除此之外，他的声调、眼神和回答问题的方式，你甚至都可以揣摩一下，以决定是否能纵深发展。

当然，你也不能一相情愿地和陌生人无所不谈。怎样和陌生人交谈这是一门艺术。如果你对人过于热情，那么往往会让别人觉得你有利可图，你最好要避免给人家这样的印象。

曾经有一个新到公司的女孩，对公司的前辈热情周到，又是倒水又是帮忙取文件的，女孩原本是想尽快和公司同事建立好的关系，可是，她发现同事们好像在刻意回避着自己。这就是因为女孩的热情过度了，让同事觉得她另有企图。

为此，当你和陌生人初次见面，你只需要给他人留下一个好的印象即可，千万不要让对方觉得你和他的交往是有目的的。假如你们是同行，并且对方也有和你合作的意愿，那么这个时候，开门见山反而会是一个最好的办法。

打造亲和力，拉近和陌生人的距离

具有良好的人际沟通能力和亲和力是我们每个人梦寐以求的，因为良好的人际亲和力能够为你带来很多好处，不仅会让你收获更多的友情，感受到人与人之间的关爱和温暖，还有可能让你获得更多的人脉资源，甚至让自己获得意想不到的机会和好的前途。

有一个叫王娟的女孩，她生活在上海，在那里她养成了追求流行、讲究品位的习惯。王娟由于想放慢生活的节奏，让自己得到更多的归属感，于是决定搬到西部的一个小城镇生活。

尽管王娟非常喜欢这个城市，但是她却适应不了这里的人们，因为王娟感到这里的居民对她不是特别欢迎。

有一次，王娟向她的同事发牢骚说，自己已经很努力地和他们进行交往了，而且也表现得尽量友好，可是不知道什么原因，她们还是不喜欢自己。最后她的同事告诉她，她的穿着和交谈方式让当地人觉得她是在装腔作势，高人一等。

从那以后，王娟就故意穿得很随意，尽量与当地人讨论当地发生的事情，而且也会多参加当地举行的一些民俗活动，试着让自己更容易接近。

虽然在刚刚一开始的时候王娟感到非常不舒服，因为她不习惯穿得随意，不习惯谈论一些鸡毛蒜皮的事情，但是她却慢慢发现，她与新邻居和新朋友的交流变得更加容易了。

我们每个人都怕被人拒绝，这其实是人的天性。如果你具有亲和力，而且在与人交往的时候不摆架子，以一个平等的姿态和人交谈，那么别人会感觉到你非常容易亲近，这样就减少了对你的戒备之心，开始接受并欢迎你，特别是当我们在与陌生人交往的时候，本来双方都会存有一定的距离，可是你那种高傲的姿态反而会拉远你们之间的距离，因为人们总是愿意和自己喜欢的人在一起，有了困难也会找他们觉得可亲的人帮忙，而不愿意去找令人讨厌的人。

李枫是一家生产电子产品公司的董事长，他为人非常随和，很容易与人接近，哪怕是对待最底层的工人，也从来不会表现出傲慢的姿态。

而且李枫经常不带秘书，独自一个人去工厂巡视，在车间会非常亲切地和工人们交谈，让工人们感到十分吃惊。身为一家公司的董事长，居然能够亲自步行到工厂，这简直是难以置信的，而且很多时候还会带去一些礼物慰劳员工，询问他们家里的情况怎么样，生活上有什么困难，有的时候李枫的举动真的让公司的员工们有点不知所措，又有点受宠若惊的感觉。

李枫平易近人的低姿态让他和员工很快就建立了深厚的感情，即使是在周末，他也会到公司转转，与保安人员和值班人员亲切地交谈。

李枫曾经说过:"我非常喜欢和我的员工交往,无论是什么样的人,我都喜欢和他交谈,因为我能够从中听到许多创造性的语言,获得巨大的收益。"

的确,通过和最底层的群众直接沟通,李枫不仅获得了第一手资料,而且也弄清楚了公司管理上存在的问题和效益亏损的种种原因,同时也获得了许多有价值的建议,更重要的是赢得了员工的好感和信任。

良好的人际关系和亲和力是每个人都应该具备的,我们生活在这个世界上,每天都需要和各种人打交道,一个具有良好亲和力的人,自然是非常容易沟通顺畅的,获得好的人缘。

由此可见,亲和力是一种不容忽视的能力,是赢得人脉的无形资本。那么,如何让自己更具有亲和力呢?

第一,要正确地认识自我。

一个人只有先深入地了解自我,才能够更好地去了解别人。人最好的朋友就是自己,最大的敌人同样也是自己,只有正确认识了自己,找到自身的不足,才会使我们有进步。

第二,要多与他人交流。

当我们充分认识了自己之后,还应该从和他人交流的过程中得到锻炼。想到不如做到,既然你已经认识到了亲和力的魅力,那么就要学会在与他人交往的时候,不断强化自己的沟通能力,随时修正自己。

第三,不要迷信自己的个人魅力。

在现实中,有的人过于自信,他们总是会认为自己是多么完美，多么具有亲和力，面对他人的批评不是回避就是抵制，有时候甚至不能容忍他人的任何意见。其实，没有一个人永远是对的，不如让我们敞开心怀去接纳别人，这样别人也才会更好地接纳你。

第四，要保持轻松愉快的心情。

我们在压力的作用下就会产生各种负面情绪，这样的负面情绪自然会严重影响到你的亲和力，有的时候你懂得与人交往要保持亲和力，但是在负面情绪的干扰下，你是很难控制自己的。所以拥有一份好心情，才能保持你的亲和力。

成为别人眼中的"自己人"

在广泛的人脉资源中，需要我们选择出一些可靠的朋友。这些人能够在我们最需要的时候给予帮助，不像其他的普通朋友一样袖手旁观，而一般我们把这样的朋友称为"自己人"。

所谓"自己人"，就是那些和我们站在同一条战线上的人，和我们有共同利益，或者是共同兴趣的人，也是我们在生活中、事业中最值得信任的人。

"自己人"可以是我们的同事，可以是我们的上司或下属，可以是我们关系稳定的客户，也可以是我们的莫逆之交。总之，有了这些人的存在，我们处理事情就会变得容易得多。

因此，我们每个人都需要有几个"自己人"来帮助，没有"自己人"的人际情况是非常危险的。换句话说，如果我们能够成为别人的"自己人"，这样不但扩充了自己的人脉，也可以向别人提供自己的"价值"，甚至还可以从这样的关系中找到自己发展的契机，真可谓是一举多得。

薄景山是一所高级中学新调来的校长，他原来在一所省级学校里做过教务主任，由于业绩出色被上级派来担任这所高中的校长。

这所高中虽然规模不大，可是却是本市建设最好的高中，师资力量和生源水平都非常高。尽管薄景山在原来的学校取得了非常优秀的成绩，但是到这里却没有人能够认同他，学校的教职员工也都认为本校的管理水平已经足够了，不需要再有人去处理。而且大家对原来的校长是非常敬重的，所以很多老校长身边的人都对薄景山的工作特别不配合。

薄景山的一位下属杨靖看到领导的工作十分艰难，就在暗地里帮薄景山不少忙。当薄景山需要一些材料的时候，杨靖就立刻搜集完送到他那里；有学生家长来找薄景山办理事务，杨靖也会积极向他提供从前老校长处理此类事务的信息，便于薄景山借鉴分析。

甚至杨靖还把自己身边的一些可靠的同事介绍给薄景山。这样一来，薄景山的工作便顺利了许多，在心中自然对杨靖十分感激，把他当做"自己人"，凡事都是交给他去办理。

尽管杨靖深得薄景山的信任，但是他并不以此为骄傲，依然保持了低调谦卑的处世作风，有了成绩并不据为己有，而是把荣誉归给大家，就这样，薄景山更加对这个下属青睐无比了。

几年之后，老校长退休回家，学校的所有事务就都交给薄景山管理了。薄景山做的第一个决定就是给杨靖升了职。因为在他的工作中，杨靖一直毫无保留地支持他，这样的"自己人"他怎么可能不嘉奖提携呢？

做别人的"自己人"，既是成人之美，也是为自己的事业不断铺垫基石。在同一个合作的领域内，大家的关系往往是一荣俱荣、一损俱损的。你所成全的人取得了成功，那么你的成功也就不远了。

所以，你要抓住时机，成为别人的"自己人"，那么这样你一定也会因此获得不少的收获。

人与人也需要互动

我们要和朋友适时地互动，让朋友们知道你，从而架起朋友之间的一座桥梁，而沟通就是加深感情的纽带。

有些曾经形影不离的好友，但是随着时间的推移，各奔东西之后变得陌生起来，其实主要原因就是因为相隔太久之后缺少了联系，这样关系自然就变得生疏了，感情也就淡了。所以，在节假日的时候，给距离远的朋友一定要打个电话送去一份祝福和问候，在闲暇的时候发个邮件问问好朋友的工作情况、生活情况，表达一下自己的关怀和牵挂；而对于离得近的朋友，有空的话就适当走动一下，喝喝茶，聊聊天，让友情不降温。

沟通也是增进理解的纽带。有的人春风得意了，自己的地位高了，条件好了，就变得趾高气扬起来，与朋友说话再也没有从前那么随和了。这样一来，彼此之间自然就少了共同的语言，心灵上也就多了一道屏障。我们应该明白，不管我们的身份如何变化，对朋友的态度应该是不能变化的，这样才能够让友谊之树常青。

齐秦在一家广告公司做采购，经常要在外面跑，可是他从来没有间断过和朋友之间的联系。

每当工作之余，他就打电话问候朋友，询问他们现在工作怎么样？顺便告诉他们自己现在的工作情况，有的时候还会邀请朋友有时间一起出去坐坐，所以每个月齐秦的电话费就好像是一个天文数字。

为此，他的一位朋友曾经劝他，没事不要总打电话，聊的竟是一些家长里短的事情，又没什么重要的事情。可是齐秦则不这么认为，他觉得朋友之间就应该时常沟通，这样才能不断增加彼此的感情。为此，齐秦有的时候还会利用节假日或者生日召集朋友们一起聚会，或给朋友们送去一些礼物让朋友不会忘记自己。

由于齐秦的主动联系，让很多朋友也会主动问候他。记得有一次，齐秦不小心发生了车祸，造成他的胳膊骨折。当时就有很多朋友赶往医院看望他，并有好几个朋友主动留下来照顾他，可见齐秦的人缘是很不错的。

而原因当然与他一贯经常主动和朋友们沟通，谁有困难了或是有了喜事，齐秦都会帮忙或道喜分不开的。

这样做不仅让齐秦在朋友心目中有了地位，而且当遇到困难了，朋友们也非常乐意伸出援助之手。

可见，要学会适时地和朋友互动，这样才可以增加你在朋友心目中的"能见度"，不能在只有事情的时候才想到朋友，到那个时候或许你的朋友都已经忘记你的名字了。如果你不经常联系朋友，不仅会让双方的感情有所疏远，而且一旦当你联系对方的时候，对方心里可能立刻会想：是不是你又有什么事情求我？这样不仅会给对方造成心理上的负担，而且久而久之对你们的友谊会造成很大的伤害。

经常和朋友交流，共同分享大家的一些信息或资源，在有的时候还会给你带来一些意外的惊喜。

宋亮是一个非常喜欢交往的人，很多时间都会和朋友们在一起。他感觉和朋友们一起会有很多收获，很长见识。

结果在前段时间，由于效益不景气，他工作的公司倒闭了，宋亮只能失业在家，但是这也丝毫没有影响宋亮的心情，他还照常和朋友一起出去聚会。

有一天，在一个朋友的生日聚会上，宋亮见到了一位很久没有谋面的老同学，两个人谈起了上学时候的趣事，不亦乐乎。最后那位同学问宋亮现在在哪儿工作，宋亮说自己失业在家。那位同学立即就说，如果你不介意的话，就到我们公司和我一起干吧。虽然公司小了点，但还是有很大发展潜力的。就这样宋亮进入朋友的公司，结果很快在两个人的努力下，公司的业绩不断地提高。

宋亮就是通过在和朋友互动中找到了工作。

由此可见，我们不仅要经常交朋友，而且要不断地增加彼此之间的互动，这样在增进了感情的同时，也会给你带来其他的收获。

越被人倚重，你的人脉越发达

人人都希望自己是一个无所不能的人。这样的人往往有两种，一种是本身地位高、权力大的人，这样的人自然有大量的人才愿意为他们效力；而另外一种则是拥有四通八达的人脉网，不管出现什么事，都可以通过人脉关系搞定的人。

其实，换句话说，人脉根系发达的人，不能不说都是一些有本事的人，他们往往更多地被别人倚重，而不是他倚重别人。一般人想要做到这一点自然是很难的，但是只要我们愿意提升自己的能量，那么前来投靠你的人自然就会越来越多，你的人脉根系自然就会变得越来越发达。

曾经有一位仁兄正在吹嘘自己认识某某大人物的时候。突然，身边站起来一位沉默的老先生，结果这位老先生一语不发地走了。好事者问："这人是谁？"另一好事者说："这就是某某。"

可见，被人倚重的人往往并不特意吹嘘自己认识谁，因为他们才是人脉的中心。吹嘘者往往是显得底气不足，虽然满面红光，说得唾沫星子四溅，这其实也正说明了他的卑微和无能。

如果人脉是一张网的话，那么你就是织这张网的蜘蛛，你要爬来爬去地织这张网。如果你是一个人脉高手，也是一个被人倚重的人，那么这张网就不需要你过多地费心思去织，自然会有其他人把线扯到你这里来，而一旦你拥有了四通八达的人脉，自然你也就成为了被人倚重的人。

你可能会说，这样的道理谁都懂，但是自己现在既不是什么高官，也不是什么有钱人，根本就没有这个本事。其实，只要你能够让自己做得比现在更优秀，并且把自己的这种优秀传达出去，或者是在朋友中间，你是一个最讲信誉、最讲义气的哥们儿，那么，在同伴和行业中，自然有一天会变得德高望重、声名显赫。

除此之外，分享也是一种最好的建立人脉网的方式，你分享得越多，那么得到的自然也就越多。世界上有两种东西是越分享越多的：一是智慧、知识；二是人脉、关系。

所以，现在你需要做的两件事就是，一是让你自己变得更加优秀，把你的智慧和知识与人分享，从而创造你的人脉价值，构建一张优秀的人脉网；二是分享你的人脉，通过分享，也会让你的人脉网越织越大，四通八达。这样的良性人脉扩张，就会让你快速获得被人倚重的能力和资本。

一个聪明的人，是不会去倚靠别人的，而是要成为被人倚靠的人，这才是实力。越是被人倚靠，你的人脉就越广，你的财富就越多。依靠别人的人永远只能是拾人牙惠，成不了大事。

同学资源千万不要白白浪费

当今的社会其实也就是人际关系的社会，人际的交往是不是广泛，是一个人能否在事业上成功的重要因素。而在这种关系当中，同学关系应该是比较重要的一种关系。

我们每个人都会有几位昔日的同窗好友，说不定你还在他们的记忆当中。我们千万不要把这种宝贵的人际关系资源白白浪费掉。同窗之谊，情如手足，在某种程度上是胜于手足之情的。

同学之间的纯洁关系，将来很有可能会发展为长久、牢固的友谊。在上学的时代，大家都还比较年轻，都非常单纯，热情奔放，而且彼此都对自己的人生或者未来充满了浪漫的理想。同学们经常在一起热烈地争论和探讨问题，在别人面前完全表露个人的内心世界。

再加之同学之间朝夕相处，彼此之间对对方的性格、脾气、爱好、兴趣等都能够有一个深入的了解。所以，在同学中最容易找到合适的朋友。

其实，每个人都会有同学，而同学关系对很多人来说都是非常珍贵的，因为学校生活是我们每个人一生当中最为美好的一段时光，老同学作为与你分享过美好时光的人，自然也就成为了最可信赖的人。可以说，老同学是我们最不能忽略的一种人脉财富。把这样的同学关系经营好，那么你的人际关系自然就会万事亨通了。

不管是小学、中学，还是大学，每一段学习的记忆都能够让我们回味无穷，特别是对于高学历的人来说，同学关系的好坏对于他们未来的发展更是具有着重大的影响。

由于现代社会当中，人与人之间各方面的竞争越来越激烈，而且社会关系网络更是一个人事业成功必不可少的社会资本或社会资源。同学之间所构建起来的"同学关系"作为人生一笔不可多得的关系资源，对于一个人的社会地位和事业发展的提高更是有着不可替代的利用价值。

我们试想，大千世界，茫茫人海当中，能够成为同学，实在是缘分不浅。虽然相处的时间并不是很长，但是这中间的关系确是值得珍惜，值得持续下去。那么，如何好好把握同学关系呢？

第一，加深同学之间的友谊。同学之间只有主动帮忙才会让同学之间的关系更加深刻，将来互相帮忙的可能性才会越大，甚至还会主动进行帮忙。

第二，经常聚会。当你与同学分开之后，还应该保持一种相互联系、愈久弥坚的关系。这样的话，对于你的一生，或者说是对于你将来所要达到的目标与理想，肯定会有很大的好处。而且这其中有利的方面，也许是你根本无法想到的。同学在有的时候，特别是危急关头能够帮上大忙，往往能够起到排忧解难的作用。

但是，我们一定要记住的一点是，这中间的好处完全是来自于自己的努力，如果在你与同学分开之后没有进行经常性的相聚，那么关系之好又从何谈起呢，互惠互利则更是一相情愿的事情了。

所以说，只要你有这份情和这份心，能够真诚地与分开以后的同学维持一个良好的关系，那么，你的人脉关系就会更加的广泛，出路自然也会比别人多出好几条。

第三，要随时参加同学会，互相联络感情，办事的时候就有个照应。在现如今的社会中，由于物质的极大刺激，造成了越来越多的人目光短浅，特别是在同学关系上，相聚的时候漠然处之，分开之后又不再来往，"你走你的阳关道，我过我的独木桥"，直到遇到困难的时候才想到同学，这样岂不是为时晚矣。

许多人在与同学分开之后，还能够经常保持联系，或者是成立一个组织机构，比如同学会等，这实在是一种非常有见地的方法。

作为同学，一般都有了很多年的交情，彼此同甘共苦的日子肯定会冲淡地位或身份的隔阂，即便只有一面之交，只要知道彼此是同学，那么肯定会马上涌起一股亲切之情，这就是同学的巨大魅力。如果我们不加以利用，那么绝对是一大浪费。

但是特别值得注意的是，平时一定要注意和同学多联络感情，只有平时经常联络，同学之情才不至于疏远、淡化。

同事是每个人最大的人脉财富

在我们的工作环境中，与同事建立一个良好的人际关系，能够获得大家的尊重，无疑是对自己的生存和发展有着极大的帮助。而且营造一个愉快的工作氛围，就可以让我们忘记工作的单调和疲倦，让自己每天保持一个好的心情。

在一般人看来,在工作当中建立的同事关系,往往是不够纯洁的,因为同事之间存在着竞争,即使表面是一片和平,可能暗地里也是急流涌动。但是这也并不是绝对的事情,无论怎么样,多一个朋友总比多一个敌人要好。如果能够把同事变成朋友,对你只有好处,而不会有坏处。

　　在几年前,张文和王菲同时应聘到了一家银行做职员,由于工作的关系,她们两个人经常接触,时间一长,两个人自然就成为了好朋友。

　　如今,虽然她们已经各自有了属于自己的家,但是她们还是会经常一起聚餐、逛街、泡吧。有时候,她们甚至还相约到彼此家中走动走动,把各自的朋友介绍给大家认识,久而久之,以她们为中心,就形成了更大的交际圈。

　　我们要知道,作为上班族,每天大部分的时间都是与同事在一起度过的,如果能够把同事变成朋友,而且你又能够通过对方的人际关系认识更多的人,那么你的人脉网必然会得到更好的充实。

　　而且很多人都认为,当与同事朋友在一起的时候,不仅共同语言多,而且还可以增加沟通和了解,提高工作效率。

　　李明在房地产开发公司上班,由于他平时的工作非常繁忙,再加上周末又是最忙的时候,所以与朋友聚会的时间就非常少。因此,李明就把同事当做朋友,每当遇到不顺心的事情,他会在下班之后,约上几个关系好的同事去喝茶聊天,郁闷的情绪很快就烟消云散了，当然，遇到高兴的事，他也会约同事找个地方，好好地庆祝一番。

要想让同事把你当朋友，你首先就是要以朋友的身份去面对你的同事，以下这几方面需要你注意：

第一，要学会安慰和鼓励同事。

如果同事自己或者家中发生了什么不幸，工作情绪非常低落的时候，这也往往是最需要人的安慰和鼓励。而此时，你应该学会安慰和鼓励同事，相信他一定会对你的帮助感激不尽。

第二，向同事提供善意的帮助。

帮助别人是与别人建立友谊的一种有效方式，在同事最需要帮助的时候，如果你能够伸出援助之手，往往就会让他们铭记在心，打心眼里感激你。

第三，有困难及时向同事求助。

要想建立良好的人际关系，那么前提就是彼此之间的互相帮助，你帮助了别人，也要在适当的时候向别人寻求帮助。有些人是从来不会向别人求助的，认为那会给别人带来麻烦，其实，在有的时候，求助别人反而能够表明你对别人的信赖和重视，在一定程度上起到融洽关系和加深感情的作用。

第四，有好事就告诉同事。

假如在公司当中有了什么好事，你事先知道了，那么就要告诉同事，让他们分享这份快乐。比如逢年过节的时候，单位里面可能会经常发一些物品、奖金等，假如你先知道了，或者已经领了，那么就应该告诉同事，甚至能够代领的话你就帮忙代领一下。

如果你都不吱声，那么同事就会认为你不合群，缺乏共同意识和协作精神，更不可能把你当朋友看了。

第五，和同事交流生活中的一些私事。

有些私事当然是不能说的，但是有些私事说说也许并没有什么坏处。比如你的男朋友或女朋友的工作单位、学历、年龄及性格脾气，等等；假如你已经结了婚，有了孩子，就有关于爱人和孩子方面的话题。

其实有些话题在工作之余我们是可以和同事顺便聊聊的，它可以增进了解，加深感情。如果你把这些内容都保密的话，从来不肯与别人说，那么怎么能与同事成为朋友呢？

只有当你主动跟别人说这些私事的时候，别人也才会向你述说，可能有的时候还可以互相帮帮忙。假如你什么也不说，什么也不让人知道，人家怎么信任你，要明白，信任是建立在相互了解的基础之上的。

交朋友要懂得谦虚

在人际交往过程中，谦虚的人总是能够处处受到别人的欢迎，而那些傲慢无礼、大肆张扬的人通常会让人非常反感和厌倦。孔子曰："三人行必有我师。"意思就是说在众人当中一定有值得我们学习的东西，所以要虚心向别人学习，弥补自己的缺点。

谦虚是人类的美德，也是每个成功人士所必备的品质和素养。虚心的人之所以受欢迎，就是因为他会把自己放在一个很低的位置上，不吝于向别人请教。

比尔·盖茨作为 IT 的创始人，带着他的团队创造了让世人惊讶的一个又一个的神话。但是取得了如此辉煌的成绩的比尔·盖茨并没有骄傲自满、目中无人，他的谦逊性格最后得到了世人的敬仰。

有一次由于工作的需要，微软公司专门为比尔·盖茨配备了一名专门准备演讲稿的职员。这位职员说，在每次演讲之前，比尔·盖茨都会自己仔细批注，并且认真地准备和练习演讲稿。而且每次演讲之后，都会下来和他交流，问他："我今天哪里讲得好，哪里讲得不好？"并且还会拿出一个本子认真地记下来自己哪里出现了错误，以便下次进行更正和提高。

我们不能不佩服比尔·盖茨的谦虚，一个事业上如此成功的人，还能这么谦虚地学习，真的是非常难得的。因为很多人在取得一些成功之后就变得骄傲自大，而真正能像比尔·盖茨这样谦虚的人真的是太少见了。

俗话说："谦受益，满招损。"那些狂妄自大、极力炫耀自己的人总是会四处碰壁，处处受阻。

于谦是一个刚刚毕业的大学生，不但人长得英俊大方，而且热情开朗。他决定找一份与人际交往有关系的工作，从而更好地发挥自己的长处。

有一天，于谦通过看报纸得到一个招聘信息，这是一家三星级酒店招聘前台工作人员，他决定去试一试，于是第二天就去了那家酒店。主持面试的公关部经理接待了他，看得出，经理对于谦俊朗的外貌和富有感染力的热情相当满意，最后经理决定只要于谦符合这项工作的几个关键指标的要求，就留下他。

这个时候经理开始提问："我们酒店经常接待外宾，所以要求前台人员必须掌握四国语言，你能达到吗？""我大学学的就是外语，精通法语、德语、日语和韩语。我的外语成绩是相当优秀的，有时候我提出的问题，教授都难以答上来。"于谦回答说。

可是事实上，于谦的外语成绩并不像他说的这么好，他是为了获得经理的赏识，自己标榜自己。可是他低估了面试人，在于谦提交简历之前，公司就已经收集到了有关他的详细信息，其中包括于谦的大学成绩单。

听到于谦的回答，经理只是笑了一下，但是这显然不是欣赏的笑。经理接着又问道："做一名合格的前台人员，还需要多方面的知识……"经理的话还没有说完，于谦就抢先说："我想这些都不是问题，我的能力和知识在我所认识的人当中都是最好的，做前台绝对可以胜任。"

听完他的回答，经理站起来严肃地说："对于你今天的表现我深表遗憾，因为你并没有实事求是地说明自己的能力。而且你的英语成绩并不像你所说的那样优秀，你的能力也不过如此。小伙子，记住，千万不要夸夸其谈，要知道人外有人、天外有天，做人还是要谦虚点。非常抱歉，我们公司需要的是诚实、谦虚的人，显然你不适合。"

俗话说："海不辞水，故能成其大。"只有懂得谦虚的人才能够懂得人生是无止境的。人生无常，我们不能奢求自己永远立于不败之地，而只有懂得谦虚的人才能得到别人的认可和信任。如果一个人过分地炫耀自己，往往是浅薄无知的表现，人们只会对其唾弃远离。

交朋友要学会换位思考

好人缘是每个人所期盼的，那么，在社交场上如何拓展自己的交际圈，如何让自己赢得最广大朋友的喜欢和拥戴，这的确是我们应该好好思考的一个问题。

在日常生活中，有的人机智过人、才华出众，可是他的人际关系却很一般；而有的人本领平常，可是最后却能够在事业上取得非常大的成功。这究竟是为什么呢？原因就在于前者总是恃才傲物，无视他人，从而也让自己失去了人缘，等于也就失去了事业的一半；可是后者却截然不同，他能够做到善解人意、广结朋友，有良好的交际关系，这就奠定了他成功的基础。

在这个世界上，人与人之间有很多东西都是互动的，无论遇到什么事情，应该多站在对方的立场上去考虑，这个时候你可能就会发现，你变成了别人肚子里的蛔虫，他的所思所想、所喜所忌，很容易就进入了你的视线当中。多站在对方的立场上看问题，这其实是所有想要拥有好人缘的人必须做到的。

在很多时候，我们在与别人讲道理的时候，非常容易忽视这一点。事实上，如果你想跟别人建立起成功的人际关系，那么就应该考虑到别人的感受。就好像保罗·帕卡所说的："在与人交流中讲感情比讲理性更能成功。"

有一个漂亮的小姐走进一家鞋店买鞋。鞋店的一位男店员态度非常好，不厌其烦地替她找合适的尺码，最后他说："看来我找不到适合你的鞋，你的一只脚比另一只脚大。"

结果这样小姐很生气，站起来要走。这个时候，鞋店经理听到了两人的对话，于是请小姐留步，亲自为她选鞋。男店员看到没过多久一双鞋就卖出去了。

那位小姐走后，店员就问经理："你究竟用什么办法做成这生意的？刚才我说的话跟你的意思一样，可她很生气。"

经理解释说："不一样啊，我对她说她一只脚比另一只脚小。"

经理的话，既把真相告诉了这位漂亮的小姐。可是经理同时也考虑到了她的感情，说话讲究技巧，带着尊重，还从那位小姐的角度看问题，所以最后成功了。

尊重别人的感受，这是非常必要的。正如小说家约瑟夫·康拉德说的："给我合适的字眼，合适的口气，我可以把地球推动。"

我们只有考虑到别人的情感，照顾到别人的情绪，那么在求人办事的时候才有可能被接受，不至于遭到别人的一口回绝。我们需要知道别人的感受，并且能够在处理自己的事情的时候把这点也考虑进去，不这样做其实就是在贸然行动，会让别人看轻你。

在生活当中，我们总是抱怨别人冷淡，其实原因也许在自己这里。换个角度，也许会得到大不一样的结果。如果我们不换个角度，不去反思一下自己的行为站在对方角度去思考，一切就会变得更加糟糕。

有句名言说："暂停一分钟。"肯尼斯·库第在他的《如何使人们变得高贵》中说："暂停一分钟，把你对自己事情的高度兴趣，跟你对其他事情的漠不关心，互相做个比较。那么，你就会明白，世界上其他人也正是抱着这种态度！这就是：要想与人相处，成功与否全在于你能不能考虑别人的感受，理解别人的观点。"

"人生的真正成功与事业方面的成就没有太大的关系，真正的成功是有关做人处世方面的。前者我早已拥有，而后者我必将终身学习。"松下幸之助也曾经这样说道。

一个人站到对方的立场上去考虑问题，这才是理解对方的基本方法。一个固守己见，不能理解别人的人，那么也是不会被别人认可的，自然难成大事！

那么，我们怎么做一个善解人意的人呢？

第一，务必记住，每个人都可能犯错误，但是他自己却不认为这是他的错误，这个时候您不要说破，蠢人才会这样办，聪明的人总是尽量谅解别人，而不是加以指责。

第二，每个人之所以这样做，肯定是各有其因的，我们要揭示其内在的原因，寻找能帮助自己判断其行为及其本质的钥匙。

第三，要设身处地地去看问题。我们不妨问问自己：假如现在我处于他的位置将会如何去做呢？这样我们就可以节省很多时间，而且让自己心平气和，因为我们注意到事情发生的原因，会更加地去体谅别人。除此以外，我们还可以汲取很多交际学方面的知识。

总而言之，当你想抱怨别人的时候，请先冷静地思考一分钟。要给自己提出这样的问题：他为什么要做这件事？为什么会这样做？只有这样，你才渐渐成为一个善解人意的人。